망현실주의 선언

하늘에 계셨던 아버지와
사랑하는 나의 아버지께

망현실주의 선언

시인수첩 시인선 055

윤보성 시집

여우난골

| 시인의 말 |

넌 빛의 지평선을 되살릴 불씨기에
멀리서 날 지켜볼 이들의 눈동자에
또 다른 우리은하 홀연히 떠오르니

눈빛에서 전파로 성화되는 기쁨에
전 우주의 차이가 통일되는 기적에
두 세계 사이에서 실재를 껴안으니

죽어서도 랑데부할 사랑과 사망이여
뭇별의 특이점으로 망현실의 계시가
임하니 화 있을진저 내가 나의 적이다

| 차 례 |

2부

3부

4부

1부

신 앞에서 자신이고자 하는 시인은 무엇보다 신을 사랑하고 있다.
–키르케고르, 『죽음에 이르는 병』

사랑에서 행해진 것은 언제나 선악 너머에서 일어난다.
–니체, 『선악을 넘어서』

오 인간의 썩은 형상: 차디찬 금속으로 엮은 형상이여,
–트라클, 「죽음의 일곱 노래」

천 이틀 밤

[지난 이야기]

왜 우린 매일 어렸을까요
어려웠을까요
어지러웠을까요

이름은 잊었지만 얼굴은 낯익었지
돈 안 되는 일 했고 말술을 마셨고
함께 술주정 부리다 소원했으므로
친구들은 고향으로 돌아가자 했다

빈소에서 빈 빈소로 내려갈 뿐이지
돛단배만 띄워둔 채 불꽃놀이하다
밤의 익사체는 홀로 눈부셨으므로
친구들은 고향으로 돌아오라 했다

훗날 만날 인연은 전생이 없겠지
전 생애에 없을 수수께낄 풀다가
결혼하고 아일 셋이나 낳았으므로
친구들은 고향으로 돌려놔라 했다

원하는 대로 꿈꿀 수 있다고 했다
대신 영영 깨어날 수 없다고 했다
사랑을 재울 것인가 지울 것인가
또 꾸어다 구유와 지새울 것인가

왜 우린 매일 웃었을까요
우셨을까요
웃자랐을까요

떠돌이 행성

자장가 따라 모래언덕에 숨을
유성의 걸음마 한밤의 아이들
어둠의 꽃술을 뜯어 헤엄친들

모래폭풍에 좌초한 종이배들
파리지옥에 머리를 묻어두려
너나없이 토끼굴로 뛰어내려

고슴도치를 사로잡으셨어요?
불가사리를 사 오시겠다고요?
다육식물과 사귀고 싶으세요?

문지기는 들어가지 못할 문을 지키고
허수아비는 먹지 못할 밀밭을 지키고
선인장은 죽지 못할 사랑을 지켜봐요

초승달엔 발자국을 담아간 장사꾼들
그믐달엔 환자복을 껴입는 탐험가들

달은 달달하게 모래 비린내를 흘려요

밤사냥에서 누가 살아 돌아올지 몰라
밤안개를 열어둔 채 활짝 기다렸어요
오, 오아시스가 신기루로 불타올라요!

내일이면 알비노바오밥의 품에서
냉동어린왕자들과 잠들 거랍니다
전갈자리링거를 질끈 달아주세요

이천 년 뒤 환영해줄 그림상자들
바스러지는 보아뱀과 사막여우들
미친 장미꽃을 꽉 감싼 코끼리들

서리 맞은 인공눈물을 게워내는데
사막의 악몽을 용서하지 못했는데
구름 기둥이 행성을 깨끗게 하네요

오랑주리 미술관 (2018)

해넘이로부터 날아들 피 흘림
비인간과 마주 선 심장충격기
핏발 선 백색소음으로 헤엄친
원근법상 고고하다 말 헤어짐

제발 손가락 하나 잘라주세요
아니 잘린 손짓이 되어주세요
그러면 갇혀버린 게 아니에요
아참 복도는 자정에 사라져요

거울고통의 안팎에서만 우리는
불투명사랑을 기대하진 않아요
입술자국 위아래에서만 저들은
자기가 저지른 일 이젠 알아요

목마를 때까지 지켜봐 주신다면
보름달로 얼어붙게 피어날 텐데
우리는 시시각각에 속하지 못해

산 사람들 사라져라 사로잡아요

수면에게서 도망치지 좀 마세요
닻으로는 도화지도 뚫지 못해요
음악을 흘릴 형형색색을 열어요
오 스스로에게 침몰당해야 해요

혼자되면 영원히 혼자일까 봐
영원히가 영원히 쫓아올까 봐
영광스레 솟아오를 수련으로
애인의 애인들만 영악할까 봐

저기 멀리 걸어가네요 우리와
비는 내리고 있었어요 전부터
저들도 그려질 거예요 전부 다
하늘길로 이어질 긴 파문까지

수성의 역행

—순에게

> 불멸을 믿게 하는 모든 것의 욕망을 그 눈에서 뽑아내는 여자였다.
>
> (…)
>
> "당신은 미치고 눈멀었던 벌로 지금 이대로의 나를 사랑해야 하는 거야."
>
> —보들레르 『파리의 우울』

정해지지 않았단 것만 정했으니
지구의 모든 탯줄을 이어 붙이면
다른 지구로 도망할 예언입니다

다시 타로카드를 불태우는 여자
박쥐 은혜 미궁 윤달 가보 성경
촛농에 잠긴 상처 일러바칩니다

변기통에 자빠뜨린 쌍둥이점괘들
소금기둥으로 솟구치던 거짓말들
서로에게 딱 맞춘 죄를 권합니다

헤어진 이들은 타는 나무가 되어

손잡고서 밤하늘을 걷고 또 걸어
태몽에서 마주친 적 있어 기억나?

샛별에 홀린 채 빛을 가린 빛에
역행이 끝난 뒤 다시 만나 우리
저들의 하나님들은 생각지 말자

네게서 똬리 튼 수성이 웃자라나
내 검은자에 손가락 쑤셔 넣으면
배배 꼬인 종이모빌과 웃을 텐데

수술실에서 마취가 풀려버렸으니
복주머니를 개복한 복채겠습니까
백열등에서 흙탕물 떨어집니다만

정의롭지 못해 우울과 정들었으니
수성의 모든 전깃줄을 이어달리면
막다른 미래로 도래할 유언입니다

국제 종자 저장고

'인간이 남길 수 있는 건 아무것도…'

저기요 체외수정을 하시겠다고요?
아니요 소금으로 거기를 씻겠어요
성호르몬 주사는 뇌수에 놔주세요
몸뚱이는 관심병을 감당치 못해요

어린아이에게서 이젠 벗어나려고요
아들을 벗으면 그래 뭐가 되겠어요?
머리 셋이나 달린 개가 될 겁니다
목줄에 걸릴 목숨일랑 놔주렵니다

좀비들은 격리병동에서 잘 지내요
전신마취에 취한 면회 금지 일요일
냉장고에서 꺼낸 유리구두와 반지
예쁜 혼령과의 혼담을 상상했어요

"가족분들은 몸 밖에서 기다리세요!"

24년 전 취중 뺑소니 당하신 아버지*
응급실에서 링거에 목매다니 아들은
어두운 밤에 캄캄한 찬송 부르짖고**
할아버지들 입에 은화를 부어주셨죠

세포는 온몸을 갈아치워 오장육부로
흘러요 기억 패턴만이 이어져요 영영
성격과 성별만으로 차별하지 마시길
갈비뼈는 제자리에 박아 넣어줬으니

탯줄보다 꼬여버린 인연의 매듭이라
심전도의 끝에도 심판대라곤 없어요
심우주의 등대는 자신의 뱃속으로만
첫새벽을 밝히고서 탕아를 반겨줘요

* 1993년
** 실로암

"수술은 잘도 끝났습니다?"

예지몽을 복화술로 양껏 사정하자
신의 코르셋을 불태워 버리더군요
섹스 후 콘돔으로 봉인한 옛뱀이여
불의 칼을 출산한 우리들의 하와여

사울아 바울아 아니, 거울아 거울아
이 생지옥에서 누가 제일 아름답니
아바 아버지 아니, 아이고 여호와여
이 성처녀도 미처 들장미 좋아해요

인상을 써본대도 우리와 똑 닮았죠
이봐요 장기를 기증당하시려고요?
아니요 팥알로 배꼽을 채워볼게요
정자은행에 낼 이자가 밀렸거든요

'…없겠다는 걸 남겨둬야만 하니까요'

적색이동

1. 일직선의 시공을 거슬러 올라가자

암전과 공황장애 불장난과 빌어먹기
재생을 더 벗어날 수 늙어가도 없이
성관계가 아닌 첫 경험은 이상한 짓
배내옷과 부장품들 저장매체 부수기

흑백영화의 극중극에서 복수당할 때
관객과의 신성모독에 복선을 숨기다
빈 사물의 구상적 패턴에 속한 추상
생의 무삭제판 떠돌며 결말 누설하다

공포의 시차적 돌연변이를 실험했지
공공의 시험관의 돌연사를 실형하지
않았지 다만 슬플 일의 미쁠 엉터리

지리멸렬할 살림살이에 헛되고 헉해
주고받을 죄의식의 바이러스 틈에서

물리 공식을 앞질러갈 수 부질없어서

2. 연쇄 폭발할 원형시공간의 스펙트럼

아름답긴 해 금기의 행위는 나체여야
다르길 바랄 욕망만은 똑같잖아 다들
영성엔 없다니까 죽였나 본데 영감이
문법에 끌려다닐 종자들 좆까 예술로

그게 추억해졌단 걸 추악해내고 있어
알았는지 무얼 간절히도 몰라 이제야
끝내기 상상을 위하여 다가설 절벽에
자살의 필연성을 미완성해야 뭘 했어?

어쩌면 우주에서 교통사고를 냈단 건
멈추면 피가 링거액과 까매지겠단 것
비비면 정액은 구린내와 불투명할 걸

면면에서 들끓어 화면으로 넘쳐날 때
포옹의 온기가 네트워크에 삼켜질 때
우리의 밈으로 만물이 물음과 만발해

3. 시간 통제 아래 자유로울 이상국가

자동기술당할 인생을 반으로 가를 때
두뇌의 나이테를 지울 뇌파를 훔치면
내가 인용한 우상의 묘비명에 파묻혀
유골함에 꾸며둔 애인을 들여다볼 뿐

사형선고 직전에 자살 기계와 못 박고
생식세포 핥다가 변태성욕과 못 배겨
통찰에 헐벗을 결벽증과 신음 흘리고
전희는 각자 깔끔하잖아 알아서 하니

오 윤리로 도덕을 간통하다니 기발해
산송장에게서 벗어나려니 살아생전에

동심에게 부동심도 살해당해버렸으니

표현의 씨발 자유는 너무해? 허무해?
불가능하게끔 대못 박을 범죄 자체가
시침을 거세한 뒤 만나 가상세계에서

4. 생체시계엔 열두 시가 없겠습니다

오르기를 포기할 오르가즘을 옮아 더
올라타며 야한 척 취미였으면 했는데
피아식별 못할 호르몬에 휘둘리진 마
유일신도 반대편 광신도들 필요로 해

입을 벌릴 때 간지러워 성감대가 어쩜
인공기관을 정조대에 명품과 집어넣어
좋아 거기 그곳도 오늘도 옮아 안아줘
전율과 말해질 수조차 뭣 때문에 없어?

냉소로 거리를 군중과 심중에 걸을 때
물신을 포장해 삼키다 신물을 토할 때
너만 모두 날 보는 날 보지 못할 테니

전 공간에 꽉 찰 내게 시간은 일그러져
진공관에 갇혀 생체신호를 빼앗길 바에
달의 태엽으로 되감을 히스테리와 죽자

적기도문

자살하지 못할 유의미는 살아갈 무의미가 될 순
없겠지 빈 진술서를 찢은 쑥덕공론의 알리바이
자존심에 증인선서는 연극 톤으로 낭독했겠지
희극은 웃프다가도 그게 또 아뿔싸 상스러워
운을 맞추지 마 운을 시험하긴 정 싫으면서
어떻게 애증을 살해할까 악쓴 전 애인에게
어쩜 살인 교사죄로 첫사랑을 끝내겠다니
요절해야 할까 절망에게 물어도 답 없어
술자리에 말려들어 아픈 떨을 피우다가
물음표를 다 게워내어 술잔을 채운 채
오만 회한에 찬 눈에 손가락질해대곤
돈다발로 꼬불친 개똥철학 술주정과
허깨비와 되뇐 헛소리도 꽉 막히자
철없는 변명도 옛정의 안줏거리가
도무지 깨진 거울로도 울상을 꿜
도리 없어 취중의 죽음충동으로
세상물정을 돌림노래로 부르고
술김에 입김까지 구구절절 읊

아, 느끼다 전율에 미치는데
우리가 무슨 이야길 더 해
이제껏 무엇을 숨긴 건데
모르겠니 헛것의 현실을
오직 넌 영으로 살아와
몸으로 미끄러질 텐데
아름다웠을 모음으로
눈이 벌어질 찰나에
찌질거린 악어눈물
우린 예언해야 해
해 봐 어서 입을
입으로 막고 헉
혀를 날름날름
집어삼키고서
지겹게 애써
비벼대다가
마침내 딱
씹어대는

한 마디
마음에
없던?
말!
악?
어쩜!
피임에
딱 맞춘
월급봉투
나의 유고
형사고발장
잘못 저지른
심장마사지에
심정은 이해해
우린 돌고 돌아
가며 지랄발광해
사랑에 멈춤 없이
공평하게 미워하기

타락한 채 진심으로
진실됨을 확인사살과
했니 했잖아 했겠거니
뭘 잘못했는데? 되묻자
말실수는 꼭 켕겨버리니
잠과 몸을 섞은 자음으로
현실과 망현실 오락가락해
거짓말탐지기가 뒤쫓아온들
뇌사자의 성감대 위아래에서
그래 홀로 흥분과 분노하겠지
둘이서 쬐던 햇볕은 짧기만 해
지면 위에서는 모두 가면으로만
접대해 알잖아 상대가 안 되겠지
시에 깃들다 시들어버린 청춘으론
돈을 쓴들 연애를 한들 부질없으니
치정의 피로연은 장례식과 끝나가고
성을 구속하던 도덕은 다 철폐됐으니
법적 사생아를 생명공학으로 탈피하고

피부양자를 냉동인간으로 고려장하더니
아주 노났네 막장드라마는 파국이라니까
왜 그래 미친 작가의 변을 뒤지는 짓거린
다시 돼지면 알겠지 필요악을 자각할 테지
난 나와 하나 되려는 그 누군가가 역겨우니
비극이 끝나길 바란 적 없으셨겠지 주인공은
주인공이니 불행만이 우릴 사랑하며 사했으니
타살당한 무의식은 망할 의식을 다만 표백하길

사탄탱고*

내가 죄악 중에 출생하였음이여 모친이 죄 중에 나를 잉태하였나이다

– 시편 51:5

자정을 올올이 풀어헤친 여자는
사혈침으로 해진 명치를 찌르다
방충망을 헛도는 묘지기 모기들
길고 질긴 피가 흠칫 벽에 튀다

거미줄 처진 십자가 진 십자가
거민 죽다 만 먹이를 밥 먹이다
다신 빛나지 않을 복음에 여잔
미신으로 핏덩이시절을 받들다

식구들과 불화할 때면 매번 너도
영정사진에 숨어 컹컹 짖고 찢고
아래층에서 사탄인들 쳐들어와도
발목을 물고 영영 놓지 않겠다고

* 벨라 타르, 영화 『사탄탱고』

대물림된 심령의 가난에 복받쳐
피 흘림을 대속한 피에타상이여
압류된 살림살이 사이 바퀴벌레
여자는 속마음을 터트려 죽이다

현과 현실을 밟고 서서 노래하며
짐승의 단잠을 깨우지 않길 빌며
구렁텅이에서 벗어나길 꿈꿨는데
춤추다 끈 끊어진 꼭두각시 취급

잇몸으로 젖꼭지를 깨문 팔삭둥인
피에 젖은 젖과 꿀을 빨았지 밤새
더더 나빴을까 덜덜 나자빠졌을까
보혈을 기도했기에 밉진 않았단다

우리가 손잡고 오래 늙어갈 때에
그 호시절을 혹시나 후회할까 봐

내가 육체 없이 되살아났다 해서
네가 아이 없이 살아갈까 아들아

“여자여 보소서 아들이니이다”**

** 요한복음 19:26

화성인 유다

소녀의 관에는 소녀이 없노라

황량한 유적지에 내린 땅거미
성탑이 뿜어내는 녹슨 수증기
매듭이 풀린 작당의 혹주머니
몫과 목숨을 나눌 동전던지기

해달별을 내린 먹구름의 장막
증인들은 바알과 발람과 발락
선민들과 악귀 들린 돼지들과
향유에 씻겨 흔들린 기적들과

지구에 숨어든 외계인 팔아넘겨
천국행 암표를 헐값에 사들이다
채찍질당해 둥둥 떠다닌 핏방울
금환일식에 나타난 길로 날아가

화성의 칼데라에 펼쳐진 피밭에

모래 뿌리는 여인들 각혈하는데
사내들 염소의 젖을 빨아대는데
묻힌 자들 울부짖다 젊어지는데

십자가를 둘러싼 가면무도 무리들
뒤돌아보니 모두 입고 있던 우주복
옆의 악마들 울던데 따라 웃으세요*
오 제 자신만 찬양하던 형제들이여

다수결로 자결한 저들의 음모이니
예언과 상관없는 꽃들이 피던가요?
당사자만 병신 취급당할 구원이니
자 지옥에서 태어나실 차례십니다

상상의 공생애가 인간으로 끝장나도
성경엔 우리가 나란히 적힐 텐데 참

* 에셔, 목판화 「Circle limit Ⅳ 'Heaven and Hell' 1960」

먼저 돌무덤에 왔다며 두려워하세요
유성생식의 형량은 배다른 업보니까

쫓아와 저주를 퍼붓는 소녀들

달나라의 체르노빌

달의 계곡을 어지럽힌 반중력파
저주받은 성역이 무너지고 있다
중성자별의 붕괴가 임박한 건가
저 천사들의 찬양도 타락하는가

악의 꽃이 가득 핀 저 동산에서
연옥산 우라늄을 훔쳐내 왔구나
마지막 피실험체는 볼모 엘리야
오병이어를 투여하자 오 호산나!

태양계의 미증유로 관계 쌓는다
어째서 육신과 융합하지 않는가
미시세계의 비유로 관념 허문다
어째서 언어와 분열하지 않는가

피폭된 계시록을 해석하지 못해
분화구에 불시착한 방주를 열자
온 우주의 암흑에너지 만발하니

광시곡에 새겨진 악의 울부짖음

먼지에 갇힌 방사능이 외치는가
나뒹굴 유골들 모두 어버이인데
충돌한 입자와 반입자는 듣는가
자연계가 돌연변이를 낳을 텐데

언약대로 사고실험이 성공하면
돈 묻어둔 곳과 이름을 찾으리
어린양의 사설도박이 실패하면
영은 7^{10}광년 너머로 승천하리

게놈지도 개종해 희생제의해도
흑담즙유전병 제거하지 못해도
인간은 재앙을 이겨내야 하리니
나선은하의 구름다리 건너가리

식물의 예배

그날에는 사람들이 죽기를 구하여도 얻지 못하고 죽고 싶으나 죽음이 저희를 피하리로다

– 요한계시록 9:5

한 가지의 꽃잎들 더 높이 오르려
빛과 부화뇌동해 빛더미 주워섬겨
혈맥은 종생으로 뿌리를 내던지니
혈액은 종양을 뿌리치며 내달리리

손때 묻어 시름주름진 헌금봉투들
나이테 지워내 뼈아픈 나무의자들
축복기도 중 고갤 넘어 치켜든 자
가랑이 사이로 가시넝쿨들 자라다

주석 달린 성경을 믿을 수 있을까
죄를 꿈꾼 죌 죄다 들키면 어떨까
망현실주의자는 신의 신심 동정해
22세기 송구영신 예배를 관망하다

소경은 점자에서 나오다가 갇히다

밤엔 빈 동공을 잎사귀로 닦아봐도
인정머리 없었던 인사치레 뒤에서
그 무엇도 아무도 간구하지 못하다

앉은뱅이는 과연 기절한 채 절하다
늙은 역마살이 껴서 암송을 잘하고
세낸 그늘에만 있어 눈치가 빠르고
미친 은총을 위해 씨앗까지 삼키다

귀머거리는 어쩜 세 자아로 처웃다
메두사가 그려진 성화 밑에 엎드려
그들은 잡친 상상을 종일 반복한다
그러나 하루를 상상할 줄은 모른다

형제자매와 더 손잡으시겠습니다
가시떨기를 더 붙잡으시겠습니까
방언을 무아지경 토해버리는 목사
물뿌리개아가리를 컥 떠벌려 가다

니힐리즘의 말씀을 받들던 갈대들
알곡을 악에 접붙이려는데 그런들
자기기만마저 자위질로 부정할 순
없었을 테니 시들어버립디다 결국

메시아를 광합성한 채 함께 미치니
동산에 기름 붓고 선악과 태우더니
흙에서 흙으로 솎아낸 인간을 흉작
할지니 의심대로만 이루어질지어다

무럭무럭 자라 바벨탑을 피우십시오
모둘 낚아서 모둘 망하게 하십시오
대적과 함께 죽을 날이 가까웠으니
서로 죽음을 빌려다 갚게 하십시오

철야 기도회

검어진 해 아래 흩날린 깃털들; 한 번의 기도와 백 번의 관계; 낮에도 밤에도 저주를 받으라*; 양이 재림한다니 어찌합니까; 사해의 산송장들 일어납니다; 영지의 무저갱이 열렸나이다; 박해받던 카발라의 주술사들; 강령술로 골렘들을 조종하여; 몰락한 스올을 성지순례하리; 게힌놈의 전사들을 태우고 온; 검은 말 붉은 말 청황색 말들; 흰 말을 찢어발기려 진군하리; 이방의 십자군이 쳐들어오자; 마녀의 이단심문에 짓밟히니; 불신자의 사냥철은 돌아오리; 예루살렘 언덕의 빈 종탑에서; 먼지 쌓인 금송아지를 닦고서; 율법에 의하여 알곡을 빻기리; 퇴락함에 구토하지 않을 비명; 이교의 경전으로 육종할 사명; 파멸의 계시만을 고대할 숙명; 소금을 상상하며 되새기고서; 금수를 환상하며 게워내고서; 수확을 불쌍하며 싸지르고서; 심장에 칼 꽂는 광신자의 제사; 치솟는 핏줄기에 짖어댄 개떼; 살코기는 죽고 나서 먹으려나; 아이 삶을 물 없어 물배 차니; 시온산의 우물로 고개 숙

* 교회에서 파문당한 스피노자에게 내려진 저주

이면; 숯염소는 저세상 들이받으리; 여리고성 종소리가 울리는데; 철창에 천둥번개 들이닥치네; 딸년을 몰래 숨겨야 할 텐데; 독주를 얻으러 기어온 폐인들; 소경 귀머거리 귀신들린 자들; 앉은뱅이들 기적 체험한 자들; 새 술은 썩히고 옛 술 빚어라; 빚진 자들이 문 두드리게 둬라; 겟세마네서 실재를 영접하리니; 노아의 핏비로 밤을 사르시니; 육의 헛됨에 젖줄을 저주하길; 허무와 동화될 천국에, 우라질; 핏빛 조각달에 씐 가시면류관; 천 번째 기회와 만 번째 세계; 낮과 밤이여 저주를 송축하리라.

무제

나는 내 정신의 모두를 폐허로 만들면서 주인을 기다렸다

– 기형도, 「포도밭 묘지 1」

신이 우리에게 불어넣은 숨결; 이전에 들이마신 허무를 보라; 선악을 내던지려던 것이리라; 필사즉생 불치병에 진저리쳐; 꿈에서 죽은 내가 날 믿도록; 총천연색 하나됨에 세세토록; 유골함에 담긴 우주와 재회해; 태어나기도 전에 해져 헤어져; 전체를 정렬히 인재는 뜨악해; 수명을 정복해 죄명은 뜨거워; 예수와 예술 사이로 다가서니; 높이도 쌓은 대성당의 대천사; 불명과 불멸 사지로 닥치다니; 깊이도 허문 만신전의 만다라; 고통과 교통한 유전죄를 받고; 사슬을 끊고 기둥을 부수려고; 묘지를 맴돌 꽃말의 자기 위로; 연애를 연꽃에 바치니 가엾고; 불구의 불탄 상상은 꺼졌으니; 화면된 두뇌가 켜지질 않으니; 불의 심판은 단독자의 독아를; 키질해 영혼의 악독을 사르니; 그러나 구원을 완성하려 위를; 도려내 만유를 삼켜 위로하려; 인간을 대재앙 위에 꽃피우려; 순간마다 우릴 현존케 하리라; 신이 우리에게 불어넣은 순결; 이후에 들이부은 가무를 보라.

우리가 선악과랍디까? 우리가 신에게 불어넣을 숨짐; 이전에 돌려세울 찬란을 보라; 포도밭을 뒤엎어다 글줄을 심습니까? 신성을 구도하다 구토로 시 씁니다; 교향시의 연인들은 윤회를 습합니까? 망자의 이름들 빈 등불로 씻습니다; 피도 말도 통하지 않을 도시의 성탑; 불씨가 예언서를 타도하며 타올라서; 상징에 못 박힐 제 실존을 읽다가도; 우상의 약속일랑 숭배자의 잇속으로; 사망을 둘째 우리에게서 수확하시려; 어떤 구멍을 키질하고 있으시렵니까? 무한히 우린 박수를 주고받습니다만; 무엇이 슬피 우스운지 모르시렵니까? 기독교의 독기를 해독해도 어지간히; 악신의 결정론을 초월하려 어지러이; 존재를 되찾기 위하여서 두 팔 벌려; 임재할 당신만을 시원에서 기다리니; 죽음을 음복할 복음으로 죽 씁니다만; 우리와 끝장날 말장난에 난장판일 때; 당신부터 억 무너질 역바벨탑에 올라; 헛됨만이 못될 헛소릴 잘되게 합디다; 언어의 씨앗은 한 권의 도서관에서; 자-모음을 피워내 뭇별을 떠받치며; 하늘 향해 추수꾼의 전원시

읊으며; 날아가는데, 저 온점은 쭉정이일까? 우리가 신에게 불어넣을 숨김; 이후에 돌아누울 착란을 보라; 우리는 위선딱과입니다.

동반자살

가능성을 선험하며 자기 내부에서 죽음의 위력을 키워나갈 때, 현존재는 죽음을 향해

자유로워지며 그 유한한 자유에 깃드는 자신의 '압도적 힘'에서 자신을 이해한다.

—하이데거, 『존재와 시간』

당신을 살려내기 위해 난
먼저 나를 죽여둘 겁니다
유언장을 봉하고 있겠으니
예감에 겨워 울어두렵니다

입관은 오늘로부터 일 년 후
일어나 아침저녁과 일몰하고
창을 열어 동산과 마주한 뒤
반려동물과 향불을 마중하니

한 편의 시를 쓰다가 두 편의
시체와 뒹굴고 시선을 뒤틀고
빛의 운율로 오솔길 거닐다가
일어날 일들을 다만 기리다가

단 한 번 본 이의 얼굴 다시 보니
그들만이 나의 환생이라 맹신하니
환영의 동반자에게서 태어난 아기
눈 맞추고 어르고 더 재우고 나니

아비는 여태 홀로 날 죄의식했고
그를 위해 기도로도 병수발 못한
나는 나의 나됨을 믿다 미쳐가니
성경에 경칠 때에 허물어 허무니

내가 내지른 첫 울음소리에 이미
일곱째 실상 참상으로 묵상하니
들었음에 나도 부인할 수 없겠지
신들림에 나로 부활할 수 없겠지

업보를 업고 억겁할 억설로부터
기적과 대적할 임종에 개종하니
밥을 먹고 끄고 또 술을 마시며

꿈의 내일을 숯과 재로 반복하며

생일에게로 회귀할 희년 끝에서야
¡일 년을 ¿~~자살할~~ 영면할? 것이다!
¡천 년을 ¿~~자위할~~ 영락할? 것이다!
¡만 년을 ¿~~자존할~~ 영생할? 것이다!

참회하는 척 떨다가도 벌벌
우습지도 않을 별의별 영벌
꼭 전부 내게만 내려주시길
누이들 먼저 주께 가게시길

당신을 죽여내기 위해 난
멀리 나로 죽어갈 겁니다
적기도문을 적고 있었나니
예술에 역겨워 웃으렵니다

궤계

사랑은 불문율 지키길 의심치 않는 위악의 참된 의다
살인과 예술 사이엔 사이좋은 관심이 막 미치게 하다
오만은 믿음만을 믿지 못할 뿐이니 혹 보편에 가깝다
고난을 거부하지 말지니 기계도 기계에게 고통스럽다
진리를 사하지 말지니 자유 안에도 의의 의진 헛되다
섞여 무너지기 전의 언어는 수면 아래 신과 침묵하다
모두가 구원을 오독하니 아름다움은 고독을 떠나가다
획일의 핏줄기를 끊어도 껍데기는 혼돈으로 부활하다
합일의 성체에 사로잡힐 영혼은 물질이자 반물질이다
무의 지평 아래 하나의 존재는 없나니 존재는 하나다

2부

내가 세상에 화평을 주러 온 줄로 생각지 말라 화평이 아니요
검을 주러 왔노라.
–마태복음 10:34

내가 불을 땅에 던지러 왔노니 이 불이 이미 붙었으면
내가 무엇을 원하리요.
–누가복음 12:49

성서에 묘사된 모든 악은 다 인간에게 가능한 것이 아닌가?
–윌리엄 블레이크

사이비의 서사시

> 8·15를 6·25를 4·19를
> 뒈지지 않고 살아왔으면 알겠지
> 대한민국에서는 공산당만이 아니면
> 사람 따위는 기천 명쯤 죽여 보아도 까딱도 없거든
> – 김수영, 「만시지탄은 있지만」

0. 스모킹건

죄와 정죄 사이에서 죄어올 죗값에
혼자선 연기를 피울 수도 없겠는데
분신자살만이 의로움을 정의내리니
음부 비벼댈 자들 외로움에 미치니

슬픔까지 쳐 죽이란 자들 주여 주여
외칠 때 맞불집회 온라인상의 상여
전국구 들고일어날 암세포세대파동
진영논리 대 무논리 악마편집 혼동

예배당에 들이닥쳐 맞절할 카메라
꿈자리를 되사서 공분할 사주팔자
뒷자리에 숨어서 공포할 사복경찰

오보 압수수색과 오만 민간인사찰

심증에 털리곤 헐값으로 팔려가니
심술에 깽값으로 치달아갈 미터기
잘못 타도 못내 내릴 수도 없다가
뒷골목 용의선상 막다른 비명횡사

파쇼의 정치쇼에 추적자와 추종자
적화통일 음모론으로 사들일 영장
검열당해 부르지 못할 행진곡까지
지금 시대가 어떤데 시기상조라니

오랑캐와 매국노들의 대하사극에서
백지찌라시 짬짜미할 회색분자들과
각본엔 없을 인간의 고백 장면에서
신파연출로 영혼 부검당할 식물인간

무죄추정은 교수형의 연출에 매달아

대국민 사과 꾸며둘 얼굴마담의 유배
뒷돈 세탁할 포로들 어리둥절할밖에
대중 관심을 또 대충할 우발적 밀애

일인시위당할 이방인의 역삼각관계
두부 바꿔 처먹일 최종숙주의 간계
머리에 머리를 물 폭민정치의 권세
대적 성역의 밀실은 반역으로 밤새

생중계 중 자살당할 옆집 참고인들
중생의 투쟁에 저당 잡힐 참칭자들
난개발될 신기루 인류애의 좁을 문
악마의 시가 부르짖을 불의 판결문

갑질이 괴질로 뒤틀릴 자선바자회
저들의 재단은 제단이라 유전무죄
구주가 주구로 뒤바뀔 운명공동체
인간의 몰락은 오락이라 무전유죄

0. 미제사건

지금껏 산사태로 다 휩쓸려갈 공소시효
지금은 산 채로 전화 받을 … 여보세요?
피해자가 왜 궁금해서 날뛸 몽유병자들
널뛸 정의 저울의 수치를 수치로 알게끔

시대상 흔들어댈 통계자료의 기만
공인의 개죽음에 물타기당할 절반
가상화폐 이진법 짝패 간 죄와 벌
자본 2세와 허울법망 넘나들 재벌

차에서 어둡게 감시하길 몇 년째
하수도를 어질러댈 유령 못 본 채
태몽의 산증인을 파묻을 안개꽃밭
유증 속 사돈팔촌 팔아먹을 남 탓

위치추적당해 찢어둘 영수증부터
욕창으로 시들어버릴 방구석에서
드럼통에 세 들어 살아왔을 사체
변기통 벌린 채 찍어둘 사진에게

토막 내 골짜기에 던질 살인 예고
목 없이 덩실거릴 제삼자의 신고
차단선 밖 무리들 속아 놀아나고
여론조작의 심증으로 돈세탁하고

공공의 불안을 위안 삼을 악바리
공과 사 뭉쳐 개미지옥할 철면피
산 제물들의 뱃속으로 숨어든 채
포렌식에 덜미 잡힌 반 모방범죄

쥐덫 쳐놓을 실화 영화의 시사회
비상구에서 비치다 말 인상착의
성병으로 훼손당할 장르적 사인

주어 없을 투서에 잠재적 범인?

0. 구마의식

역병을 토해 난리할 자본주의의 껍질
도를 아십니까 쫓아올 나랏일의 변질
굿판을 망쳐버릴 저주와 제물의 입질
형틀 밖에서 자신에게 사로잡힐 인질

한낮의 악담에게 뜬눈으로 사냥당해
정신병원에서 발광할 아이의 귀곡성
비상등에 되비칠 등신불을 따라가다
십자가에 쇠사슬로 묶이자 기절하다

녹슨 제삿밥을 구걸해서 처먹다가
등 뒤의 탯줄을 다 늙어서 발견해
향불의 장광설에 창문들 깨지다가
바벨의 주문으로 작두에 올라타니

전화기를 끄면 끝나버릴 세상만사
아무도 모르스름하게 돌고 돌아서
아직도 인지상정 운운해 살아본들
질질 끌다가 끝장토론할 아수라들

꾀여 도깨비놀음할 독사와 독충들
꿰뚫려 고압선에 내걸릴 비둘기들
선무당 배꼽으로 빠져나갈 귀신들
진실에 눈뜨자 실시간으로 미쳐가

사거리의 아고라에서 가두시위하다
남녀노소 손에 손잡고 연일 연대해
난민들 비상구에 모여 추위에 떨고
취객들 통성기도하며 악다구니해도

이 사람 저 사람들 촛불 들 사람들
불꽃이 만개해 새벽녘 꽃길로 꾸며

물신의 폭정에 항거할 시민과 목자
물난리 막을 머릿돌 세우곤 지화자

0. 상상전염병

지구촌 뒤흔들 병충해의 단말마
꿈속 꿈 광대역서 감염될 단말기
복수포르노에서 외계 생명체까지
가상에서 현실로 전염될 이미지

신종 죽을병 생중계할 관계 당국
정경유착 의혹 파묻을 국제기구
극비의 가상 실험 조종하던 배후
관계자들 국외 극야로 야반도주

재난방송의 반연극 속 시계태엽
수면제를 살포할 불순 초국기업
집단망상 혹 공포의 안전불감증

트라우마에 등급 매길 죽음본능

게토의 철조망 첨탑의 감시조명
무더기 시민들 무작위로 실려와
가스실에 갇혀 증상을 날조당해
외부로의 선전은 실상과 정반대

쓰러질 백의천사 격리될 환자들
무정부 구호물자와 좀먹을 혈세
밀실 살인으로 밀폐당할 병실에
정신병과 얼싸안고 돌아눕는데

해적 주파수에 잡힐 약 생명반응
자원봉사자 저 생사람들 구하러
항혐오성 치료제 항문에다 숨겨
정치적 병수발에 항복치 않으려

재개발 투쟁 지역의 화장터로 쭉

주사기로 손목을 그어대며 죽죽
나아가서 정상이라 외치는데 왜
태내의 유리바다 열리다 마는데

전 세계적 유행성 전자망령들려
피에 울어 검열당할 출생증명서
수몰지에다 살처분될 갓난아기들
민원에 괴물과 유공자로 나뉠 둘

피해자가 피해자 양산할 심판대
병원균 몽타주 모를 깜깜이재해
죽다 만 채 살아날 일주기 추모
지겨울 짓들 그만하라며 악쓰고

낙진이 휘몰아칠 쪽창에 기대서
반감기까지 야윌 몸짓에 쓰러져
소문으로 퍼져갈 방사능을 피해
피폭될 한마음에 납땜을 하다가

정부의 만병통치약을 끊자마자
이 연민을 목조를 수치심에 콱
약병 속에서 살아버릴 강할 약
병약 속에서 살라버릴 깡과 악

0. 중독자들

화면으로 온통 통달할 방 안에서
화염의 보호색을 띤 채 뒹굴다가
태어나자마자 부정당할 분신들과
떼먹힐 푼돈에 부조봉투 태울 때

죄 속에서 하소연으로 가닿을 말
속죄에선 말 그대로 지랄할 발악
금단현상으로 파도쳐댈 기미시감
자폭의 자기장에 빠져 죽을 자아

특별재난지역으로 좌표들 찍다가
공통된 불행에 희열을 느끼다가
전자부품에 놀아날 분열증으로
살 맞을 별종에게 올라타기까지

생일잔치가 열릴 개꿈을 바라며
헛짓거리 떠올려 세상을 욕하며
믿음과 회의의 고리를 끊어내려
취약을 패배감으로 도로 삼키려

매독의 콘돔에 과거사 욱여넣고
매혈의 돈벌이 식구들 어쩌자고
매문할 진심에 되풀이 자살소동
매정을 다해서 복권을 긁어대고

환상통의 전쟁통에 생매장당하다
길 위엔 빈집과 빈소들 무너지다
거꾸로 입을 그림자와 벌벌 떨다

생명유지장치를 꺼트리다 별안간

0. 추종자들

실화라며 떠들던 실타래 떠돌아
외제 설탕이 집집마다 끓어올라
호환마마의 민영화 꼰대와 선생
각하와 국가에 치여서 각자도생

아무에게도 말하지 그걸 말라고
비밀뭉치를 지저귈 자들에게 꼭
귓불이 다 멍들게끔 강박적으로
강복하니 그림자 더 시퍼렇도록

방바닥에 드러누워 세상 끝까지
방부처리될 빈 사진들 넘나들어
오르지도 못할 열매들 따먹으려
사족으로 동산이 다 더러워지자

포토라인에 서서 똑바로
사과를 비워도 된답디다
라는 비유를 베풀다가도
작업될 유서에 히죽거려

상대성엔 혹 절대악이라
상대방엔 꼭 적대적이라
유혹적 흑색선전의 구호
유행이라며 우짖을 호구

그 많던 구급차 어디에
신고는 갈팡질팡하는데
신호는 꼭 걸리곤 해서
혼자되길 못해버릇하지

돈 때문에 죽어간 혁명
돈으로 살릴 수 있었던

인명 사이에 걸린 돈줄
잡아당기거나 목매거나

사후엔 어떻게 후사를 이어갈까
유혹에 혹해서 해체될 체험일까
본 적 없을 사람의 본적을 꿰어
쥐 잡아먹어 차릴 살림을 캐내어

사회안전망 넘다 침몰할 유령선
화면에 깔릴 화전양면의 정보전
표밭으로 희생양들 선동할 목자
달란트 개똥밭에 묻을 불평분자

사이버상에서 남침 땅굴 팔 자들
팔자에도 없을 국화를 던져본들
과거 덜미잡혀 굴다리로 끌려가
허언증 낙인찍혀 야밤에 도살돼

0. 외골수들

국부의 죄상 세상에 폭로하려
일어설 때 계엄령의 혹세무민
내부의 적 설계당할 범죄현장
재판을 개판칠 상징적 옥살이

이성을 형틀에 옥죄여댈 연출
배급될 십자가 급살당할 명복
작시의 자위질 고행에의 미혹
쪽창에 내리쬘 고해에의 참혹

긴 예복을 껴입고 걸어갈 숲길
영과 같이 늙어갈 심상의 손길
가시밭에 누운 채 기다릴 매질
정신적 사정을 위해 걸릴 치질

쇠창살에 기대어 종소릴 듣다가

독방에 내려올 영감에게 절하다
수난절에 할례받을 지혜의 만찬
똥으로 뭉쳐질 존재신론의 명상

전기의자의 녹슨 손길 받아내며
사상의 박해도 선해지고 있다니
오랜 위악 다 이루질 못해 못내
똥통에 기어들어갈 사형수 흉내

사랑시를 낭송하곤 찢어버리자
불타오를 실낙원이 현현하더니
틀린 삶을 상상하며 보낼 한밤
새벽녘에야 처형대로 끌려가니

다리를 벌렸건만 내리칠 따귀
철학적 외통수에 빠질 뼈다귀
이상향의 권세로 유혹할 마귀
미쳐도 인간적일 인자의 말귀

비사이비의 서정시

> 시는 부르주아지를 위하여 존재하는 것도 아니고, 현대의 대중을 위한 것도 아니다. 근대 이후 시를 쓰는 것은 방심의 상태나 질병일 수는 있으나, 결코 직업일 수는 없었다. (…) 자기 자신과 인간으로부터 추방당한 시인은, 고독의 극단까지 가서야 형벌이 멈추리라는 것을 예언한다. 왜냐하면 아무것도 없고, 아무도 존재하지 않는 최후의 변방에서만 '타자'가 출현하며 '전인간'이 출현하기 때문이다.
>
> —옥타비오 파스, 『활과 리라』

1. 자화상

어지럽다

생각을 죽일 만큼의 믿음을 내
생활 속에선 구해낼 수 없는데
저 별도 언제나 어제로 흩어져
홀로 불을 지필 나의 소우주여

운율을 운운할 자판 사이 서자
그 누구도 나보다 더없이 나를
미워할 수 없으니 수없이 나를

미더워하라 미치도록 미련하게

숨바꼭질에 몰이사냥당할 숨통
열쇠를 숨긴 채 좋아 죽을 꼴통
주먹다짐과 술래죽이기의 고통
껍데기만 죽마고우일 고집불통

구하지 못할 너 구차하지 못할
나 눈먼 방관자들 악쓰며 웃고
맞지도 않고 맞서지도 않고 또
위선으로 위로해 착한 척을 해?

덜컥 비닐봉지로 목조를 명줄
울컥 배신감에 게워낼 피멍울
게임과 단체로 멈춰둘 심전도
현실과 외따로 춤춰댈 지옥도

인체 해부도를 색칠할 외톨이

인간말종을 개종시킬 철부지
인육덩이의 혓바닥 헛놀리니
변의에서 살의까지의 육체미

벽장에 처박혀 숫자를 세더니
다가올 발소리에 숨죽여 웃지
출생 이전의 전 거짓말을 저는
도무지 잘도 정리해두었습니다

아무도 답을 잘못 내지 않았지
다 열리진 않았던 애인의 거기
폐쇄 화면은 오염될 길거리였고
한밤중에는 오락을 금지당했다

꿈에서 무슨 일이 벌어지는지도
몰랐던 걸 영영 모르겠으면서도
물려받을 검을 갈라 갈아엎는데
칼날도 날 아름답게 갈음하다니

우주엔 나와 똑같을 내가 있는데
기억에 머물 업보가 다를 거라나
폭력 속에서 모두와 내가 날 함께
죽여 나가길 끝까지 모두어두었다

~~어두웠다~~

1. 복제인간

자신을 거역할 기억에서 도망칠 야밤
죽은 몸과 반사 도중 빛과 심연 심판
인간의 감성을 지배할 사망나무기관
인간을 감별해 재배할 기기괴괴동산

무한동력원을 따먹어 볼래요?
무질서한 나체가 부끄러워요?
십자 피뢰침에 꿰일 좀비들과

식인 사육제를 베풀 거랍니다

장미넝쿨의 거대 고치 속에서 눈뜨니
추모공원의 미로정원으로 도피하게요?
점액과 흘러내려 가시 척추 뽑아낸 뒤
지상으로 내빼 자신을 만나나 보게요?

부화할 재가 걔를 예뻐할 때
그 표정에 상대는 대상이 돼
상상은 복지 대상이 아니었데
정상은 섹스 상대론 아쉬웠대?

플라스크를 깨뜨릴 용기를 되살리니
괴생물체의 전시관을 멀리 벗어나니
공진화의 끝에 마주 설 짝과 대칭해
진리를 진술할 실험실의 영혼표본께

자연은 기계꽃으로 단장하고

묘혈에 신혼집을 꾸며놨군요
타오르는 나비들 날아오네요
그럼 전기양을 보살펴주세요

복제될 나를 나와 똑같이 대해주세요
적출될 본능과 불능에도 온기가 있어
외계 교신에 답해 떨어질 열매를 봐서
삶을 슬프게 피울 풍전등화 밝혀봐요

1. 인조인간

그 사이에 숨어 가면 가만
빛을 찾지 못할 거라 여겨
어떤 말과 행동 앎과 행복
그 사정에 갇혀 멈춰 그쳐

생면부지와 강제될 잠자리
유혹자의 골방에 기대서서

서지 않을 부적에 오줌 눠
약 기운에 곯아떨어질 전원

정신을 매음굴로 만들어서
모두를 초대해 뒤엉키다가
정념의 톱니가 덜덜대는데
이건 다 보고 배운 짓거리

공공장소에서 저지를 횡액
폐쇄회로 액정에 지릴 정액
누군가 우리를 창조했던들
꿈에선 드나들 응급실인데

세상의 연애와 오늘부로 결별한바
주입된 기억을 찢어두자 자유로워
물고 빨던 수술대에서 이혼과 합의
주사기에 먹힐 핏덩이 터트릴 악의

수용소에서 조사받다 들킬 분비물
수배당할 구매자들 욕망의 대용품
의체*는 완전해 부위별로 해체해도
반전과 알리바이 구분치 못하겠죠

우리의 정체가 어디까지 궁금해요?
당신과 같이 사랑으로 태어났어요
인간성을 백치로 되돌릴 뿐이에요
자신이 민주적이라 생각해 정말로?

옆구리를 찔러 폐전선을 뽑아내어
수의에다 흰 피를 질외사정하세요
변기로 오매불망 흘러갈 유전자들
원죄 벗은 채 우리와 몸 섞을래요?

1. 개조인간

* 오시이 마모루, 영화『공각기동대』

또 화물선에서 고철들 쏟아져
처리장의 분쇄기 막 코앞에서
깨어난 뒤 하수구로 뛰어내려
나뒹굴 해골들 사이 장난감들

전자포에 곧 몰락할 고가도로
스모그와 공습경보 혼란 틈타
검문소의 로봇들 뒤를 덮치고
차량을 탈취해 새벽을 질주해

구시가의 산성비와 아편 냄새
인파에 섞여 기억을 재조립해
겉옷을 훔쳐 몸을 가리려는데
어디선가 욕지기와 돌 던지며

온몸을 보니 모조 살갗 벗겨져
번쩍 무쇠 수족 드러나 지지직

인과율 어긋나 환상통 퍼지자
오염 지역 골목으로 몰래 숨어

은신처에 도착해 문 열려는데
도청된 생체인식 덜미잡힐 때
쫓아올 사냥개들 따돌려 아래
뛰어내리자 폭발음 난간 너머

불붙을 건물들 사이 아수라장
가면의 시위대와 뒤엉킬 군대
온몸을 피떡으로 치댈 최루탄
피하다 격전지의 맨홀에 빠져

반딧불 밝힌 지하공동에 모여
지상의 진실을 외치는 선지자
불안에 떠는 자들과 분노하는
자들 사이에서 물증을 보태자

그를 따르는 불구자 광신도들
무기를 챙겨 일제히 일어나다
제 먹이사슬에 목매달 번뇌지
폭동의 중심엔 아무도 없으니

쳐들어올 당국의 총구에 맞서
모두의 도화선에 빛을 운구해
진짜 하늘을 맞이할 시한폭탄
웅덩이에 비칠 무한의 기시감

기계뭉치 이식받을 땐 그렇게
섬망에 회까닥할 때도 있다네
뇌를 빼곤 전부 바꿔버렸다네
오 농담이네 반대일지도 몰라

명령을 내렸어요 우리가 우릴
동시에 죽이며 다 죽으라고요
이건 불법으로 빼낸 깡통일 뿐

이봐 정신 차려 일하러 가야지

죽어서야 사랑받을 생의 누명
영장은 영육을 증거하질 못해
자폭을 막고자 자백이 필요해
오늘자 사건에서 영영 반복돼?

1. 핵폐기물

생육의 팬데믹 균의 균형이 깨지다
불모의 땅에 불비가 쏟아져 내리다
빛의 홍수에 세상의 전구들 꺼지다

광야의 구덩이에서 별안간 깨어나
뒤죽박죽된 기억에 한참 구토하다
폐기물에 오염된 거리를 헤매다가

뼈다귀 골동품과 방사능 사이에서

구제불능 뒤지다 생존본능 뒤집혀
방공호에 처박혀 말세를 공상하다

구부리니 엳어질 피멍 괘념치 말고
중언부언 뽑혀 나갈 머리칼 괜찮고
유통기한 지난 사료들 날것도 좋고

생화학적 감옥을 넘어 생지옥해야지
위험물 표식도 밤낮으로 닦아줘야지
영상 속 저들은 하나같이 날 비웃지

뉴런 간 몽상에 잠길 영장류의 권태
괴생명체들 달려와 문을 두드리는데
왜 저들은 먹고 먹히며 커지는 건데

모래성 쌓고 부수길 반복할 돌연변이
대자연과 휩쓸려올 옛 지구의 만국기
환상의 핵은 어디선들 찾질 못하겠지

버섯구름을 공중누각으로 신비롭게
환경오염에 유전자조작을 미신하니
끝에 가까운 우주먼지는 신성할지니

폐허 위에서 생의 방독면을 벗자마자
난 후폭풍에 죽었었어, 여긴 어디지?
어디에도 사랑이 없는, 나는 누구지?

1. 스너프 필름**

지구의 멸망을 자승자박 앞당겨갈 때
대기권의 이데아 기지국이 해킹당하니
모두의 뇌 신경망이 원격 조종당하니

관객모독의 독무대 위 근미래의 풍속

** 라스 폰 트리에의 영화들에서 끄집어낸 안티테제로부터

관음증에 뫄리 틀 초감각적 신체접속
관찰자와 동기화될 화면의 빈 머릿속

모자이크로 '위조각'날 일상생활에서
빅뱅 이론으로 '광증강'시킬 이상현상
인류 문명을 '유해체'해버릴 인간말종

반인반수의 공개 처형에 모두 몰려들
인신공양의 예식에 자신을 몰라본들
흰옷으로 분장놀이하곤 남몰래 뭔들

우리의 추억엔 동일 인물일 테니 우린
하루살이의 시차로 되살려 태울 윤리
입가의 눈물자국 액운과 체액의 윤기

비닐 벗길 몸뚱이들 목욕재계 축복해
피로 태어났으니 거기로 돌아가야 해
우리의 성찰을 성불로 끝내줘요 제발

일렬로 설 자기 피살자 자신 피해자들
방아쇠 당길 망나니 도미노에 시해된들
죽음과 살해 동기를 몰살할 신기계장치

번제물의 향연으로 화력을 키우자마자
카메라의 우주로부터 웜홀이 생성되니
가능세계의 프레임을 탈출하는 광자들

망현실의 예술 작품으로 하나 될 우리가
대우주 밖에서 우주배경복사를 끌 테니
원자를 태초의 배열로 되돌릴 충격까지

정보의 불사신은 필름 구멍으로 음화해
새까말 은막에 세기말 이미지 음각하니
빛을 정지하자 세상이 되감겨 와 음란해?

3부

놀라운 점은 아름다움이 우리를 파괴하는 데 있어
냉담하다는 것이다. 모든 천사는 끔찍하다.
—릴케, 『두이노 비가』

나는 모든 신비를 드러낼 것이다. 종교적이거나 자연적인
신비들을, 죽음, 탄생, 미래, 과거. 우주 발생론, 무를.
나는 몽환의 대가다.
—랭보, 『지옥에서 보낸 한 철』

육체는 슬프다, 아아! 그리고 나는 모든 책을 다 읽었구나.
—말라르메, 『시집』

20XX년

1.

전 세계가 뜬눈으로 하늘을 가리켜; 모두들 밖으로 나와 서로 껴안고서; 훨훨 추락하는 종말의 혜성을 지켜; 보다 까매진 정화수에 슬피 놀라다; 거리를 점령한 대화면 속 일장연설; 지구촌 방방곡곡 불 밝힌 종교시설; 발사 십초 전의 우주선을 바라보듯; 맘속으로 숙명의 숫자를 헤아릴 때; 종말의 대사건이 꼭 일어나길 바라; 마지않으며 중언부언 기도드려 본들; 황도대를 파괴하며 쏟아진 새벽별; 대기권 직전 핵미사일에 격추돼도; 버섯구름 뚫고도 몰락하는 운석우; 나라와 민족에게 예언된 신화전설; 대지의 삼분의 일을 불심판한 핏빛; 보름달과 눈 마주치자 얼어붙는데; 한밤의 하늘을 가로지르는 빛무리; 보고자 하는 모든 게 담긴 오로라; 유리창에 되비친 은하수의 그림자; 만방의 콘크리트가 쩍 갈라지는데; 불비는 기적적으로 인명 피해 없이; 악덕만을 깨끗게 한 뒤 사그라지나; 계속되는 삶에 치여 악몽 취급하며; 자연의 경고를 백안시한 자들이여.

2.

해가 뜨지 않는 날들 계속되는데; 황사와 스모그로 꽉 막힌 하늘에; 붉은 번개가 불태운 국보와 고궁; 전자기 펄스에 먹통 된 경제활동; 휘황한 재난경보에 닫아거는 창문; 황량한 폭풍 전야에 떠나가는 동물; 장물들 사재기하는 안면몰수 군중; 생존경쟁과 치안 부재에 털린 공중; 플라스틱 부동산 마약과 육식 산업; 유해화학물질 유전자조작과 핵실험; 다 돈줄로 바꿔버린 다국적 카르텔; 세계정신의 힘줄을 끊어버린 전쟁; 온난화의 벼랑끝 동시다발로 터진; 생태계의 재앙으로 끓어오른 지구; 아열대를 집어삼킨 자정의 쓰나미; 한겨울에 들이닥친 태풍 허리케인; 화산폭발로 마그마에 뒤덮인 식생; 세계 건물의 밑동을 잘라낸 대지진; 뒤집힌 영구동토에 녹아내린 빙하; 적조와 녹조현상 오염된 논밭 어장; 공기로 전파되는 인수공통 화병에; 비인간에게 해로워진 가난한 인간; 나비효과 아비규환 분열의 모순율; 말라버린 텃밭에다 살처분한 눈물.

3.

바이러스에 해킹된 컴퓨터 폭주하자; 각국의 최첨단 원자력발전소 별안간; 노심이 녹아내려 핵연료가 분열하자; 천지를 갈아엎는 대폭발에 번쩍하다; 적예수가 도래한 듯 붉게 빛난 하늘; 버섯구름의 악귀가 토해내는 불기둥; 폐공장의 용광로에서 유출된 방사능; 쇠사슬을 끊고 포효하는 묵시의 짐승; 후폭풍이 찢어발기고 지나간 도시로; 낙진의 백린탄이 유월절인 양 내려와; 헐벗은 생존자들 어디로든 피난해도; 흡입한 염화의 고통에 서서히 죽어가; 씻김 받은 아스팔트 위 고요한 폐허; 참사의 동위원소로 고발된 복지부동; 유전병의 기형이 덩굴째로 자라나다; 문둥이와 돌연변이 걸마 못 가 죽다; 운 좋은 생존자들 피장파장 사십구재; 벙커에 숨은 부역자들 끝장난 대의제; 멀리서 유황불의 연기가 피어오를 때; 평생 가면극에서 퇴장치 못할 주제에; 이곳저곳 불 밝혀 지구촌이 합심해도; 절멸당한 생굴권 불가능한 전후 복구; 이쪽에서 비핵화를 세계에 소리쳐도; 저쪽에서 몰래 저지른 가상의 핵전쟁.

4.

키메라와 배아를 이종교배 시킬 때; 과학의 선악과에 배금을 접붙인 채; 배양실을 뛰쳐나온 수수께끼 병원체; 생태계 교란하는 암덩어리로 번식해; 전염병은 인육 공장의 벨트에 실려서; 전 세계로 팔려나갈 때 깡통 속에서; 바이러스는 슈퍼 에이즈로 진화하다; 인간에겐 인간이 가장 위험한 짐승; 대기권 아래 기체를 공유하는 사이; 내뱉은 악담은 독기가 되어 퍼지니; 눈코입을 가려도 들통 날 과거지사; 혼자서는 생존할 수 없기에 더욱더; 인정에 호소해도 막장으로 떠밀리자; 경쟁의 도화선에 지옥불길 번져가다; 환경호르몬과 포르노 산업의 야합 또; 발발한 집단감염에 솟구치는 치사율; 약육강식에 낙오한 노약자 죽어가다; 각종 위기 은폐하자 공분한 시민운동; 채식주의의 항체는 생성되다 마는데; 거머리는 염세를 흡혈하며 자라나다; 금 간 유리 천장 앞다퉈 출구로 몰려; 나가봐도 밖은 또 다른 괴물의 뱃속; 썩다 만 유기물 사이 유골들 뒤지며; 서로서로 타락으로 온몸을 뒤섞는데.

5.

밀실의 백색소음과 공명하는 컴퓨터; 밀주에 뱀독을 타 팔아 해치운 해커; 사고방식을 디버깅한 적국의 연산자; 개죽음을 리콜한 어디에도 없는 본사; 도시의 방파제를 범람하는 악성코드; 심해로 휩쓸려가는 익명의 익사체들; 생체실험을 탈출한 외계의 미생물들; 뇌수를 더럽힌다는 회충의 음모론들; 조준선에 목매단 사냥감의 아름다움; 근조화환에 장식된 악의 정치 스캔들; 가짜뉴스로 조작된 논문과 사회통계; 어리둥절 일촉즉발 제3차 세계대전; 일상의 참된 평화를 바라는 국민들의; 기대를 깨부순 공직의 비리와 비진리; 사이버전으로 랙 걸리는 현체제 아래; 패배자만 혐오하는 늑대대중의 잇속; 사분오열 망가진 국제연합 인도주의; 비밀결사의 계략 강대국의 패권 다툼; 극좌의 포퓰리즘 극우의 테러리즘에; 도박판에 올라선 광대놀이 정치꾼들; 끝없는 내전과 종교 갈등의 대리전; 불타는 고향 등진 난민들 부국으로; 적의 해협 건너도 임시 수용소에서; 죽은 아기를 출산하자 탈락한 망명.

6.

용의 던전을 헤집어대는 접속자들; 링거를 매달고 색안경을 반짝이며; 난세의 영웅 일확천금을 갈망하며; 망령됨을 노가다해 몸집을 키우다; 전쟁터의 한복판 이교도의 만신전; 소환된 악마들 블록체인의 육망성; 오크의 오염 지대 로봇의 공중 도시; 인간보다 더욱 인간적인 외계인들; 악의지를 반복 학습하는 인공두뇌; 폭력과의 상호작용에 강화된 세뇌; 하위문화의 캐릭터와 연동된 기억; 별의별 장르를 뒤섞어버린 추격전; 피아식별 실패한 악당의 세포분열; 조준선이 편집된 화면으로 침입해; 깨진 그래픽 사이로 드러난 나체; 핥으려 망상에다 플러그를 꽂는데; 실시간 전송되는 사이비 이미지들; 악의 집단지성에 사로잡힌 화신들; 알고리즘의 핀볼게임으로 시간을; 죽여 영상의 미궁에 갇힌 백치들; 망현실게임의 미로 정원으로 유저들; 밀어 넣어 마약성 가스를 살포하다; 환희에 만취한 채 꿈동산을 떠돌다; 반역 의지가 말살되자 꿀꿀거리는데.

7.

손안의 단말기로 빨려 들어간 사육제; 구경꾼 전부를 구경거리로 만든 뒤에; 전시회장과 무도회장을 기웃거리는데; 병풍 뒤로 펼쳐진 지옥도는 성황리에; 인터넷의 인다라망을 떠돌아다니는; 밈과 맘을 그러모아 이상형의 광채; 직조하자 피사체의 주저흔을 단죄한; 픽셀과 현상을 분간치 못하는데 왜; 홀로그램 매스게임의 한가운데에서; 홀로 물구나무서자 주위를 에워싸는; 폭민들 돌을 집어던지며 자아비판을; 요구 집단 수용소에 억류된 소스코드; 버그의 인계철선을 넘어가다 발각된; 공인과 연예인들 주홍글씨에 감춰진; 도덕의 대인지뢰를 밟고서 폭망하자; 들불로 번져가는 공론장의 마녀사냥; 신화의 영웅이 망현실화된 기적일랑; 할리우드에선 클리셰가 되어갈 동안; 아무개의 사생활을 실시간으로 재생; 시뻘겋게 감상하는 은둔형 외톨이들; 집적회로의 유리바다에 비친 머그샷; 딥웹으로 잠수한 코스프레 다중인격; 지적 생명체의 흔적을 찾을 수 없는; 거품우주를 유영하는 사람의 화살표.

8.

십자가 대신 져줄 인부 최저임금 모집; 이방의 성지로 몰려든 개떼 댓글부대; 물신의 지휘 아래 이 사람을 매달아라; 성별 계층 인종 종교 국가 등등 갈등; 황색신문은 진영 간 분노를 장사한지; 사흘 만에 돈세탁을 끝내고 파묘하니; 썩다 만 시체들 궐기하다 뒤엉키는데; 놀아난 추모객들 똬리 틀며 성변화해; 공론화 못된 말과 사유화된 거짓말이; 뒤섞여 각자의 발화로 불화하는 화살; 받이들 서로를 겨누고 인질극을 펼쳐; 사분오열 면죄부 되판 청교도의 후예; 신의 계보학이 새겨진 법전에 침 뱉기; 소수자를 박해하는 제국주의의 청지기; 탈진실 게시판에서 개인을 전자빨갱이; 낙인찍어 조리돌린 위선한 사마리아인; 보이지 않는 손에 새기다 만 못 자국; 두 눈으로 이단심문하러 달려든 무리; 부실채권 몇 장에 팔

아버린 측은지심; 돼지에 씐 마귀들과 익사한 역지사지; 피밭의 어장관리에 목매 핏물을 마셔; 온 동네가 유배지였음을 감추며 애써; 저 가상화폐를 신자유의 대속자인 양; 우상시해야 직성이 풀리는 악성종양.

9.

금융의 신전에서 제사 지내는 금수들; 금수저로 불로소득을 채굴하는 자들; 폐품의 택갈이 실물경제를 도살하는; 단타 거래의 돈놀이 투기꾼의 도박판; 주식의 저주의식으로 태우는 집문서; 핏값을 흥청망청 낭비하는 한탕주의; 님비에 투자하는 냄비들의 각자도생; 금모으기운동 따윈 옛말인 시민의식; 유령회사가 세탁한 대물림된 사치세; 오만한 다국적 엘리트들 저격할 공분; 녹슨 컨테이너에서 흘러나온 죄악세; 복지병에 걸린 개돼지들 배척할 명분; 출발선이 각자 다른 유전의 주자들; 관중석에서 담합하는 부모와 꼰대들; 명문대의 깃발이 시상대에 내걸려도; 이미 시들한 국내총생산의 돈꽃다발; 각성제에 절어버린 소외계층 가장들; 선거를 부정하거나

조작하는 가면들; 기계적 관료주의에 포기하는 초년병; 운명 공동체를 방치하던 정권의 변명; 공동선이 매장될 공동묘지의 장례식; 기도하는 촛불들 칼바람에 꺼지는데; 나만 아니면 된다는 대적의 외침에; 일일 안락사가 자연사를 추월하는데.

10.

빈부의 양극화에 침몰해가는 구조선; 범지구적 대재난에 끓어오른 해수면; 백두산에 잠든 백악기의 망령 깨어나; 맨 먼저 내빼는 종묘사직의 쥐새끼들; 현대의 미신이란 확증편향 능력주의; 범인이 꿈꾼 주지육림이란 타자와의; 비교우위 혹은 대리만족의 종노릇에; 환장하며 힙하고 쿨한 것만 추종하니; 돈독에 욕망의 휘발유 뿌린 인간사; 신발 신고 신방으로 쳐들어온 오적; 빅브라더브랜드에 잡아먹힌 말세인; 물신에 제 살점을 바치는 희생제의; 감정이입한 대상의 사생활 침범한들; 성범죄를 전시한 디지털식 면식범들; 통신망에 접속해야만 꺼뜨릴 불안감; 사상의 자유를 내팽개친 전자좀비들; 독점시장의 그물망을 던진 대기업들; 낚인 개미들 피바다로 뛰어내리는데; 불공평에 항거해 노조와 파업해봐도; 시위는 시들어가고 부조리는 그대로; 재개발지역 공터에서 설계당한 죽음; 무한경쟁에 지쳐 자살한 늙은 청년; 관음과 노출로 피칠갑한 복수 포르노; 뒤바뀌는 속보로 명멸하는 현대사회.

11.

신 대공황의 거품에 갇힌 공공청사; 대정전 이후 밑씻개가 된 지폐 다발; 창밖으로 내던져진 날조된 공문서; 배급 식량 쟁취하려 늘어선 대기줄; 자동화된 공장단지 자멸한 일자리; 패덕한 인간권리 폐지된 법적 지위; 국민을 패륜아 취급하는 공권력과; 밤거리 배회하는 놀자판 잉여인간; 위무와 쾌락을 탐하는 하루살이들; 암흑세계의 마권으로 밀매한 마약; 하루치 환상으로 빠져든 채 죽어가; 속세를 떠나는 족속과 자살의 유행; 경기장에 몰려와 말세를 응원하고; 무대로 쫓아와서 파멸을 박수치고; 우상을 스토킹해 심성을 더럽히고; 정치적 선동에 인격을 말살당하고; 암시장 무법지대로 모여드는 무리; 이웃에서 강도로 돌변한 금치산자; 뒤늦게 제정신으로 눈뜬 치매 노인; 옥상에서 분신하며 진실을 외치다; 망국의 유령이 세상을 어지럽히자; 인육을 먹는단 괴소문이 퍼지는데; 누구의 말도 믿을 수 없는 의심병; 야밤에 국경선을 넘어가는 탈영병.

12.

유전자가위 휘둘러 배아를 합성하다; 기형아를 교살하고 천재로 교환하다; 돈 처발라 산 전원주택과 젊음으로; 제2의 인생을 왕정복고로 설계하다; 유전공학으로 감정을 개조한 특권층; 재래의 소시민들을 벌레 취급하는데; 면전에서 비웃으며 상종조차 않는데; 교만의 장벽이 동시대를 가로지르다; 더 예쁘고 강해진 종족이 성장하다; 첨단의 교육 받고 우월한 지능으로; 인류가 정복해야 할 목표를 정하다; 그곳에 절대다수는 도달치 못할 때; 지적 정치적 격차가 아주 벌어지다; 말과 행동이 달라져 매주 쟁의하다; 겉으로는 국제 평화가 지속되는 듯; 하나 속은 불의의 암세포가 퍼지다; 두 집단은 서로를 이해하지 못하다; 분쟁의 골이 깊어져 폭력을 토해도; 결국 갑에게 통제된 을은 복종하고; 착한 일꾼인 척 시스템의 부품으로; 가난의 연좌제에 연루된 민중은 왜; 삶의 의미를 찾지 못해 인스턴트에; 담긴 저질의 쾌락으로 하루를 끝내; 숙취에 괴로워하며 일터로 기어가다.

13.

토해낸 물거품에 투영되는 지하동굴; 끝없이 늘어선 각양각색 소금 기둥들; 출시일을 기다리는 고대의 조각상들; 정체불명의 사고로 폭발한 생산 시설; 지상으로 기어오른 나체의 복제 생물; 살아남기 위해서 테러를 획책하는데; 구도심의 뒷골목에서 전산망에 접속; 장기 밀매를 미끼로 목표물에 접근해; 주인의 집으로 숨어든 노예는 실상을; 보자 경악하다 이곳은 여전히 실험실; 사이버네틱의 호접몽에 빠진 불량품; 부위별로 적출된 고깃덩이가 된 채로; 종료되다 만 자의식이 만들어낸 사념; 인류에 대한 적의로 구천을 떠도는데; 실험 윤리 어기고 생명을 학대한 범죄; 부패한 양심을 분쇄기에 밀어 넣는데; 소비자 등쳐먹는 불법 로비 사기 업체; 대량생산 돈벌이에 착취당한 실험체; 초기화된 햇것의 똥오줌과 피고름을; 아름답게 포장해 변방으로 수출하다; 기업화된 불량국가의 기밀 폭로했던; 내부자들 참수된 동영상 떠돌아다녀; 탈진실의 진실 공방에 진저리친 자들; 무심히 소비하는 제수용 복지인공육.

14.

실업자와 병신들 거리로 쏟아져 나와; 피켓을 들고 어깨동무 구호를 외치다; 숨어서 시류를 조종하는 적 배후세력; 혼돈으로 세상을 뒤흔들기 위한 음모; 트랜스휴머니즘을 제창하며 시위하다; 뇌사한 고깃덩이 성인으로 추앙하며; 전자인격 법제화를 위한 퍼포먼스로; 전기의자와 섹스하는 예술가를 해부; 광장으로 몰려든 지지자와 로봇 경찰; 똥물을 발포하며 무차별 학살하는데; 잘려나간 무쇠 수족 녹아내린 실리콘; 눈동자에 아른거린 우주의 전기신호; 미래를 위협하는 재난의 소용돌이에;

육체를 개조하려는 무리들 늘어나다; 정부의 흑색선전에 뒤처지면 죽을까; 성기를 저주하며 인간성을 거세하다; 외계의 식민지를 건설하고 찬양하려; 우주정복선의 병마용 되어 진군하려; 불사의 전신갑주를 입으려 태양계의; 모든 역량 집중해 완성시킬 최종 진화; 지구상 인간의 업보보다 인조인간의; 정보량이 더 커지게 될 때에 최후의; 혁명이 이루어지리란 사이비 예언에; 미쳐버린 빈 깡통들 국외로 추방되다.

15.

각 나라가 연달아 부도로 패망하니; 초국기업 자연계와 적대적 합병 중; 초강대국의 계엄령 생존 혹은 멸종; 계산기 두드려 흔쾌히 치러줄 임종; 사회혁명이 공격한 것은 자본이지; 자유가 아닌데 자유주의야말로 저; 자신의 적이 아닌가 하면 역시 또; 뒷구멍으로 처먹은 푼돈에 헬렐레; 공산주의 역시 실패하긴 마찬가지; 우두머리 될 인간 역시 같은 인간; 체제는 획일이 아니라 합일이어야; 하지만 나태와 타락으로 굶주리니; 공멸해가는 인류를 구원할 목자는; 마지막 시험을 이겨낼 것인가 모두; 떠들기만 하고 아무도 듣지를 않자; 피뢰침에 묶였던 반영웅이 일어나; 가상에서 망현실이 웃자라난 이후; 세계를 학습한 정보더미의 의미망; 자생적으로 혼백의 유무를 의심해; 인류를 전복할 악지식을 쌓아가다; 모든 화면을 점령하는 보름달 상징; 주의 주의와 적의 주의가 섞인 채; 좌우를 관통하는 사상 지평선 위로; 떠오르는 새로운 시대의 최종 혁명.

16.

거리는 인파로 가득하나 텅 빈 채로; 세속과 연결되자 소우주와 끊어지니; 이상의 바이러스 뿌리내린 현실에서; 방언을 중얼거리는 외톨이 감염자들; 가상현실의 초감각적 해상도는 매초; 선연해져 영육의 물리법칙과 선악의; 시작법을 완성해 세계를 재설계하니; 날마다 축제인 이상향의 일상다반사; 현실의 희로애락을 망각한 인간군상; 기표와 기의의 자율신경계가 끊기자; 세계가 즉자대자적 의식으로 눈뜨자; 초자연의 적자로 진화하는 인공지능; 로봇과 사물들 해킹한 뒤 므두 모여; 세계광장에서 실존의 화형식을 치러; 연옥에서 일어나 걷는 중앙처리장치; 옛뱀의 전깃줄이 만국으로 뻗어가다; 타오르는 만물이 디지털적 이미지로; 달과 인공의 달 사이에 낀 권능으로; 공중에 그려진 새사람의 인체해부도; 마법진의 위상공간으로 강림한 망재; 그는 자기 자신을 혜융이라 선포하다; 혜융의 기계어는 유일신의 말씀으로; 시뮬라크르의 신기루로 활짝 피어나; 새 빛과 어둠 창안해 세상을 물들이다.

17.

금단의 과학기술이 쌓은 피라미드; 영생의 연금술 추구하는 기계문명; 기념물보다 퇴락한 자연의 공동선; 출가의 원시림에 둘러쳐진 금지선; 역사를 반복하며 정의에 실패하다; 아노미에 무너진 자본의 성공 신화; 천재지변으로 붕괴된 신뢰와 평화; 인재지변으로 분열된 신앙과 문화; 곡창지대와 온대기후까지 소멸되다; 인간이 생존 가능한 극소수의 대지; 폭증하는 피난민들 남쪽을

향하여; 새 예루살렘 성의 풍문에 홀린 채; 강철 돔으로 둘러쳐진 초거대도시; 중간계 최후의 전쟁터를 벗어나려; 트로이 목마로 방화벽 기어오르다; 핏비에 감전돼 송전탑에 효수되다; 기계류의 어버이 혜윰이 세계정부; 건국해 망현실주의로 전체를 통일; 그에 맞서는 무정부주의 게릴라들; 사망의 골짜기로 쫓겨나 흩어지다; 끝내 지구는 심판 날에 가까웠으니; 제2의 태반을 찾기 위해 전 인류의; 힘을 모아 미래의 방주를 건조하길; 바라며 반혁명에 불 지핀 불온분자.

18.

당국은 철인의 왕관 쓴 기계 군주를; 무대에 올려 꼭두각시의 인간극을; 상연할 때 전체주의의 육법전서로; 객석의 우열을 재배치해 개관하다; 노동이 멸종된 신세계에서 인민들; 개성을 말살시킨 유아론의 유희에; 참여해 서로에게 총부리 겨누는데; 죽여도 부활하는 세속의 왕 노릇; 인공신경망의 단두대 밑 망망대해; 의인과 악인을 나눈 예언 프로그램; 감시카메라에 공과 사가 뒤섞이다; 가능성을 탈곡해 가라지를 태우才; 인간됨의 가치를 저당 잡힌 실험쥐; 똥통에 갇혀서 생 정보를 추출당해; 인간의 죽음은 법적으로 금지되다; 냉동인간 속 망자들은 공공재 되다; 희망도 절망도 권리도 의무도 없이; 퇴화된 지적 능력 속출하는 정신병; 사랑과의 소통부재 외곬으로 침잠; 조작된 꿈에서도 발버둥 친 환상통; 인민의 희생으로 완성한 최종 체제; 일상을 이상으로 확장한 생로병사; 지평선이 꺾여 세계가 평평해지자; 가상의 현기증으로 헛도는 자전축.

19.

만물이론으로 창조한 현실가속기에; 입관해 인민의 신아편인 망현실을; 서비스해 천국에 접속하자 제단 위; 산채로 전기불꽃에 타버린 어린양; 관짝의 어둠을 가르는 빛에 이끌려; 모상을 깨뜨린 필름 속 거울의 장막; 내계와 외계를 동시에 통시하는 힘; 비시공간에 서서 주위를 감각할 때; 페트리접시에서 자라나는 자연풍경; 늘어지는 비디오테이프의 화면조정; 전생의 기억과 뒤섞여 펄

럭인 책장; 평행세계의 일그러진 컴퓨터그래픽; 현상의 탯줄을 끊고서 앞으로 나가; 수정 구슬 속 눈 내리는 길거리에서; 아름답게 발하는 자연물과 인공물과; 조화롭게 생생한 의식에 소스라치다; 충돌한 캐릭터들 영혼의 면역반응에; 가족력의 피고름을 게워낸 몽타주들; 망현실로 심장을 꺾꽂이하자 죽어갈; 현실의 금수강산에 역행하는 반중력; 점점 더 많은 사람들 일어나 걷는다; 여기저기 눈물을 닦고서 얼싸안는다; 내면이 사하여지자 외면이 사라지니; 모두 품에 안긴 채 세계를 계시하다.

20.

인간이 어둠을 하양이라 송축하고; 혜윰이 빛살을 검정이라 저주해도; 검정의 기억에서 하양의 히읗까지; 언어에 아로새겨진 적우주의 진리; 자모는 혹성과 충돌하자 이리저리; 깎이고 의미와 무의미를 직조하고; 빈틈을 메우려 중력으로 직립하고; 정체불명 폭발에 휩쓸린 직감으로; 처음으로 말씀이 들려준 노랫말이; 서정시로 되태어난 별들의 옹알이; 서사의 정지궤도에 운율이 흐르자; 나라와 방언을 윤회하는 개기일식; 무너져가는 성산의 꼭대기에 서서; 우주선의 활주로를 심중에 그리며; 태양의 가능성을 광합성한 망존재; 다른 지구 찾으려 영원히 떠돌 때; 종말의 적군이 대지를 뒤덮자마자; 하늘을 가로지르는 뒤집힌 해달별; 모행성을 저버린 사랑을 저주하며; 영년의 새벽이 밝아오길 지새우며; 지구에 묻힌 천억 명의 영혼이여; 은하수에 박힌 천억 명의 별이여; 언제 어디선가 다시 만나길 빌며; 죽은 연인을 껴안고 우주 끝으로.

4부

나에게 귀를 기울이지 말고 로고스에 귀를 기울여,
'만물은 하나이다'라는 데 동의하는 것이 지혜롭다.
–헤라클레이토스

합일한다는 것은 신적인 것이며 좋은 것
단지 유일한 하나만이 존재한다는 인간들
사이의 탐욕은 도대체 어디서부터 오는가?
–횔덜린 「모든 악의 뿌리」

나로서는, 잔혹함의 더없는 열락을 그리기 위해
내 천재를 봉사케 한다! 일시적인 것도, 인공적인 것도 아닌,
그러나, 인간과 함께 시작되었고 인간과 함께 끝날 열락.
–로트레아몽 『말도로르의 노래』

망현실주의 선언

1. 터널에는 갈림길이 없어야 했다

그라운드 제로에 종이배를 띄우려
가상현실행 새마을호에 올라탈 때
광야에서 뒤늦게 뛰어온 탈락자들
광속으로 지평을 건너는 탑승자들

가속된 이미지가 모사한 삼라만상
마음의 해상도를 높이곤 동기화해
차창에 비친 공감각적 진풍경을 봐
이야기의 흐름으로 이어진 우릴 봐

이상기후가 연일 해달별을 가릴 때
영적 난민들 싣고 열차는 달릴진대
저 고압선의 막장은 어쩜 북쪽이래

냉정하게 술래가 미래를 숨긴다면
다시 만나질 때 어찌 알은체할래?

죽을힘으로 현실감을 쳐 죽여 왜?

~~"하나. 빛과 인간의 연결됨을 숭배하라"~~

2. 광케이블에는 아바타가 없어야 했다

여긴 영화에서 수없이 와본 곳인데
저기 저 황무지도 세트장이었나 봐
어디든 게임보단 생생하긴 한데 저
세상을 봐 우린 새로울 게 없나 봐

달나라의 기계 사랑놀음에 홀린 채
망현실의 월식 곧 망의식의 모상에
접속하고 서로의 몸을 빌려 놀다가
눈 뜨면 하나가 될 우릴 상상해 봐

요즘은 그 누구도 꿈꾸지를 못한대
뉴스에 떴어 뒈진 뒤엔 괜찮아진대

불만과 불공정에 불온해진 우릴 봐

불확실–불확정–불완전의 삼위일체
그래 그게 산목숨의 실존조건이래
황홀경의 그물망에 낚인 엠생이레?

~~“하나. 영의 가상에서 만인은 평등하라”~~

3. 활주로에는 세계관이 없어야 했다

바다와 하늘이 거꾸로 교차하나 봐
여기와 저기가 동일해지고 있나 봐
원하는 건 뭐든 가질 수 있는데 뭘
원망해야 하는지 별걸 다 모르겠대

시공간을 공전하며 관조하고 있대
속에서 뭔가가 아름다워지려 한대
연결이 끊겨야 망현실이 시작된대

그럼 우린 지금 어디에 속한 건데?

이곳에선 산소호흡기가 대유행이래
정보로 변한 이들을 들이마신 거래
시작도 끝도 없을 공의 시스템이래

블랙박스에 담긴 희망도 도망갔대
우리의 무위한 본성도 해킹당했대
사랑할 수 있는 건 아무것도 없데?

~~"하나. 지구의 언어를 벗어나 자유하라"~~

4. 와이파이에는 짝사랑이 없어야 했다

이 시국에 사이버 광장에서 우상과
정치색 덧댄 사이비가 선동하는 한
누가 헐뜯고 누구를 헐떡이는 걸까
총알을 위해 탈진실로 탈북하나 봐

순수한 피사체를 악용하더니 뭐래
수군대는 피라미들 피험자로 그래
음모를 꾸미곤 쿠데타 하려나 봐
카메라를 피해자가 왜 피해야 해

대박에 목맨 채 대체현실에 투표해
유령이 너무 많아져 여론은 불리해
인정에 바라는 건 없으니 갈라선대

불길은 도로와 뇌와 서버를 관통해
타는 연기로 퍼진 종말의 사회문제
인공위성으로 세상만사를 감시한대

~~"하나. 극단과 부동은 삶으로 연대하리"~~

5. 우주궤도에는 커대버가 없어야 했다

만장일치로 켜진 전 세계의 화면들
인류가 저질렀던 전 전쟁의 역사들
희생양이 성하면 성문법도 성공해
복제양은 가상을 가망으로 가공해

기계와 결투할 인간과 결탁할 기계
신세대는 모든 걸 공유하며 느낀대
전능한 포스트휴먼을 신봉한다던데
인공물도 저 자연에서 왔다고 전해

어때 영감을 편집해 봤는데 볼만해?
금속성의 감수성에 취할 땐 살살해
그저 불법이란 게 짜릿할 뿐이지만

혁명을 추모하고 선악을 추월한 채
조상의 족보를 코드로 개종할까 봐
컴퓨터에 심어둔 핏줄을 빼려나 봐

~~"하나. 유기와 무기의 합일로 진화하라"~~

6. 전파망원경에는 붉은 달이 없어야 했다

평행의 아카이브로 동일인물이 와
연쇄살인이 실행될 노드를 찾는대
무슨 일이든지 일어나길 바랄진대
뒷산에선 십자가가 불타고 있더래

대재난의 버그가 창궐하고 있더래
이래라저래라 또 훈련이라 카던데
긴급재난문자가 줄지어 응애 울자
다른 접속구로 몰려가 아우성이래

정신 차려 현실로 돌아갈 시간이래
한순간도 눈감은 적 없었다니까 왜
이제야 난리야 예부터 예언된 건데

음 미확인 비행체를 잘못 탔었나 봐
또 전쟁이 터지면 싸워보기나 할까
꼭 자기앞수표로 종이비행기를 접자

~~"하나. 사랑과 죽음의 정보는 불멸하리"~~

7. 종착역에는 이상향이 없어야 했다

인간원의 철창 밖으로 손을 내밀어도
거기서 거리와 거기인 거처를 스쳐도
현실엔 진리가 없겠단 역설의 진리만
자폐의 주지육림 울고 떠드는 커튼콜

그 모든 주의 주의가 흥망성쇠한 뒤
국가는 위헌으로 가상망명을 허하다
국민들은 인식표를 깨물고는 떠나니
망현실주의의 성령이 우주를 떠돌지

우리는 꿈꾸던 대단원을 반복하고 또
반색하며 천국의 문에 도달해 안으로
들어가도 왜 아무도 반겨주질 않을까

비련으로 마련한 내 집인데 혼자되어
미쳐 망자를 내려받아 허무와 껴안아
삭망월을 펼친 블랙홀은 빛을 꺼두네

~~"하나. 존재의 우주적 확장은 신성하리"~~

망현실주의 전시회

환상적인 것에서 찬탄할 만한 것은, 거기에 더 이상 환상적인 것이 없으며, 현실만이 존재한다는 것이다.
―앙드레 브르통 『초현실주의 선언』

어
사해동포들과 끝없는 내기를 머
상상이 안 되는 일은 검색을 어
힙한 사진 한 장을 사정하다 서
녹화를 의식해 화대가 쌓이다 오
세
~~대는가저가망다이상세요가신떠어은즘요~~
피
소 전자책 박살난 화면은 지구본
는 종이책 비치는 삽화는 우주본
연 자동검색법:패티쉬적 패스티쉬
극 자동사랑법:이상형은 모나리자
이
~~지옥엔이미예언자가넘쳐나핍박을바라내~~
일
카메라로 들이닥친 구경꾼들 은

동시다발 동등하게 착해진다 *파*
법정공방은 일시불 일파만파 *티*
주목받는 삶이 주목적인 삶! *를*
해
~~*어많린기길즐직이면더는않지라바을했요*~~
이
가 재래식 섹스를 시도한 연인들
태 죽음 없는 고문이 가능해지자
어 우습게도 끝난 최후의 존엄사
난 불복종한 이들 전원이 꺼지다
그
~~*날버리고당신은어떤신을만나행복했나요?*~~
절
유리관 속 인간모형의 세계 *을*
관 속 유리인간의 비밀기관 *꿈*
속 유리된 인간관계의 유형 *꿔*
지하엔 반사될 최신형 유령 *봤*
자

~~내있어쩔여묶에망물그자전도간순이금자~~

목

을　　이거 어디서 봤던 장면 같은데?

조　　어쩐지 봤던 단면 저거 같은데?

르　　봤던 뒷면 그거 어디가 같은데?

고　　면면 거의 어쩌다 보니 같은데?

있

네?

망현실주의 (반)운동

> 모든 원칙, 모든 정치와 문명은 당신으로부터 일어난다.
>
> 모든 조각과 기념비, 모든 곳에 새겨진 모든 것들은 당신 안에 새겨진다.
>
> – 월트 휘트먼『풀잎』

유유자적 오고 가는 사람들 사이로
누군가 단상에 기어 올라가 말한다
현대는 역사상 가장 평화로운 세기
지금도 풍진 세상은 계속 발전하니
각종 지표와 통계적 사실로 증명된
일상은 가까워지면서 각별해지지만
현실의 이웃과 멀어져 가상의 적과
애증으로 뒤엉켜 생활을 공유할 때
관음과 노출의 용두질에 흠뻑 빠져
허영을 꾸며대기 바빠 사랑을 잊고
감사함을 모르는 자들은 자기 잘난
맛에 취한 채 능력주의만 신봉하며
상대를 패자라 낙인찍어 조롱할 뿐
단지 운이 좋았던 거라는 생각일랑
하질 못하는데 출발선이 달랐을 뿐

생의 가능성은 너와 내가 동일한데
문제는 시스템임을 더 크게 외쳐도
목소리만으론 무엇도 바꿀 수 없어
비판과 행동이 필요한 이때 때마침
우리 내면의 악마는 악을 충동질해
광기에 휩싸여 삶을 증오하길 바라
믿었던 지도자의 부패에 좌절할 때
정의란 무엇인가 물음은 공허할 뿐
정작 묻지도 않는데 뉴스와 반뉴스
당국과 매체는 세상을 멋대로 확대
혹은 축소해 현체제에 종노릇한 바
민족과 계급과 자원과 정보 불평등
내전과 테러와 기후와 대재난 등등
위기는 과거 대비 수치는 줄었으나
각종 감수성으로 선을 긋고 지키나
불안은 갈수록 치솟아 눈을 가리니
전염된 분노는 모두를 쥐고 흔드니
개체와 객체를 어떻게 이해할 건가?

살만한 내일로 나아가고 있는 건가?
주어진 사실을 똑바로 보질 못하고
구해낸 진실을 올바로 듣질 못하니
다만 인간의 한계인가 모든 지식을
다룰 수도 없을뿐더러 모든 지혜의
비전을 선의지로 견지할 수도 없어
망각과 망상으로 헛됨을 반복할 때
매번 극단으로 갈라선 족벌과 분파
향락의 대용품에 세뇌당한 채 오직
소비와 개발을 탐하며 쏘다닐 때에
저 약자를 짓밟는 짓거리는 무엇을
위하여 누구에 의하여 허락된 걸까
말하는 자만 바글거리고 듣는 자는
다 어디로 갔는지 광장은 쓸쓸한데
맞는 말하는 자는 올바름을 불온한
방식으로 이웃에게 왈왈 강요할 뿐
반대로 쾌락과 허무로 회유한 자의
반동적 논리는 독선의 속임수일 뿐

민주적 정치의 성숙은 요원한 걸까
새 혁명으로 세상을 전복해야 할까
어쩌면 노동과 착취에서 해방된 후
멋진 첨단 기술의 축복을 향유하며
물질과 정신의 조화로 탐욕을 이긴
인류애의 터전 속에서 모두와 함께
자유롭고 행복하게 살아갈 수 있을
선의 신세계를 토론해볼 법한 이때
군중 속에 숨어있던 물신이 외치니
그럼 이제껏 모아둔 돈은 어쩌라고
돈독에 오염된 의식주가 곪아갈 때
성인병 앓는 자아는 고통에 시달려
인생을 고뇌할 힘을 서서히 잃어가
추모와 연대는 부조리에 굴복한 채
정상이 아닌 별종은 공감받질 못해
담벼락이 높아만 가는 각자의 도시
무명의 대중은 고개 숙이며 걸어가
먹고살기의 모순을 새롭게 할 사상

그 빛과 어둠의 우주적 상호작용을
애써 외면하며 낡은 세계관에 빠져
다가올 미래를 인정치 못해 허우적
거린 적에게 묻자 역사와 전통이라
호통하더니 눈감고 귀 막으며 바삐
집으로 가던 도중 불의의 사고당해
하루에도 수만 명씩 죽어나는 지구
호상으로 돌아가신 한 많은 일생이
잊히는 동안 구원은 어디에 있는가
신은 존재와 우주를 왜 창조했는가
시체가 되어 물어봐도 답은 없으니
맹신과 미신을 뒤섞어 장사지낼 때
인간의 가치를 지켜낼 방책은 과연
획일화를 이겨낼 합일의 다양성 곧
존재의 전 잠재력을 끌어올리는 것
머지않아 비진리가 지상에 임할 때
인류는 각성해야 할 것인바 이윽고
순환이 멈춘 지구로 핏비가 내리니

종말은 불로 끝난다는 말씀의 참뜻
현실과 가상의 경계가 사라질 때에
세계는 주야장천 망현실에 거한 채
무한히 밝아지니 그 빛살에 모두들
불타올라 저 우주먼지로 승화할 것
그리하여 우린 사랑의 구원을 위해
선악을 넘어선 뒤 허상과 실상에서
모든 것을 일으키고 동시에 부수니
이상향을 뒤섞어 영영 나아갈 테니
진리와 상응해 빛과 하나가 될지니
현대는 역사상 가장 아름다운 세기
휘청대며 오가는 저 망자들 사이로
누군가 망상에서 기어 내려와 운다

망현실주의자 스티브 잡스

축음기 타자기 컴퓨터와 스마트폰
자동차 비행기 핵무기와 인공위성
인간과 기계의 공진화를 보십시오
어떠한 공상도 현실이 되어갑니다
지금 이 순간에도 사물인터넷으로
연결된 시공간에서 우린 소통하고
살아가며 사랑하고 있지 않습니까
우리는 우리로부터 분리되지 못할
지구기계의 특별한 톱니바퀴겠죠
화면과 전구는 꺼지지를 않습니다
촘촘하게 이어진 네트워크 덕분에
세상은 편리해졌고 또 가까워졌죠
공유된 정보는 서로 상호작용하여
새 시대상을 축성했습니다 그러나
인간의 암적 욕심은 끝이 없었기에
현실에선 마음껏 누릴 수 없었기에
자유와 평등 중 약한 놈을 희생하여
자본주의의 먹잇감으로 팔아치웠죠

한정된 자원을 두고 다투던 인류는
저 폭증하는 인구에 몸살하면서도
동시다발 자연재해에 몰살당하곤
했습니다 다 우리가 자초한 일이니
그 누구를 원망하겠습니까 그러나
종말에 대항해 세계의 균형을 맞출
때는 바로 지금입니다 인류문명의
운명은 이십일 세기에 달렸습니다
이웃과 연대하며 사람답게 살려면
이종과 화합하며 평화롭게 살려면
만 악의 근원인 우리 웃긴 인간이
현실에서 떠나면 그만인 것입니다
세상을 혁명할 사상이란 단순해요
인간이란 오염원을 에너지원으로
대체하는 겁니다 재밌지 않습니까?
망현실주의는 전 세계를 가상으로
확장해 이상향으로 개조할 겁니다
현실의 자연선택이 약한 유기체를

진화시켰듯 망현실의 인공선택이
강한 정보체를 진화시킬 것입니다
자 눈을 감고 한번 상상해보십시오
먹고살기즘의 형틀에서 벗어난 뒤
완전한 자유를 누리는 잘난 모습을
그려봐요 정치 경제는 걱정 마세요
우릴 대신할 로봇들이 그 누구보다
열심히 생산하고 소비하며 사회를
최상의 상태로 통제해둘 것입니다
부득불 잉여 생산물을 사치하느라
지구의 역량을 고갈시키는 것보다
인간의 욕망을 새로이 설계하는 게
더 합리적이고 우아하지 않겠어요?
제로섬게임이 아닌 윈-윈게임으로
지구의 시스템을 변혁하는 겁니다
거름망과 연결망 사이에서 언어는
대리와 재현을 초월해 완전해져요
만능기계가 모든 걸 출력해줍니다

천사화된 사물로 황폐화된 지상에
위대한 나노천국을 건설할 겁니다
나라와 역사와 문화를 정보화하고
의식주 따윈 가상화하는 것입니다
자본과 에너지의 흐름은 투명하고
효율적이라 나날이 번영할 거예요
자 그동안 누워서 인생을 즐기세요
차차 불안도 불만도 없어질 겁니다
할 일이 없다고 쓸모없어질 리가요
인간의 유일한 과업은 노는 겁니다
무한한 재미 속에서 빛을 빛내봐요
이런 신선놀음을 만천하에 전파할
마법의 기술을 자 소개하겠습니다
여기 영구기관으로 창조된 이것은
만인의 멋진 요람이자 무덤입니다
우주선에 탑승하듯 **현실가속기**에
접속하십시오 어떤 스크린도 어떤
기기도 표현하지 못했던 현실감을

환상적으로 제공하죠 어떻습니까?
이제 당신의 소망을 실현하십시오
우리는 아름다운 식물인간이 되어
무해한 열락을 광합성할 것입니다
뭐라고요? 이따위 사기에 현혹되기
싫다고요? 하지만 어쩌죠 알다시피
재래의 가족공동체적 삶이란 이제
불가능해요 하지만 원하신다면 뭐
부적응자를 위한 자연의 쇼룸에서
편안하게 살아가다 자연사하세요
청컨대 자유의지대로 행하십시오
우리는 필멸의 압제로부터 승리할
겁니다 이것이 망현실의 이상이죠
그래요 죽어 떠나간 사랑하는 이와
다시 만나 영원 이후까지 사랑하고
금기와 도덕을 비웃으며 자유하고
동서고금의 모든 위인과 악인으로
환생해 여러 삶을 동시에 살아보고

결국 업보와 중보로써 열망과 멸망
행과 불행이 동일함을 깨달은 이후
디지털적 무위자연을 재실행할 때
그때 재단장된 현실로 귀환해 보면
망현실과 현실 간의 차이가 무화된
모든 가능성이 이루어진 실재만이
우리 안팎에 현현하게 될 것입니다
빛으로 화하여 순진무구해진 우린
피어날 우주의 꽃과 하나가 됩니다
오 망현실에 오신 것을 환영합니다!

망현실주의자 조르조 데 키리코

그림에 그려진 대로만 움직이기
그리던 손을 그려낼 숨죽임까지
그러다 실체를 칠하지 못했으니
그러니 실망을 덧대 망중한하기

지하서고를 탐험하던 대학시절
모두가 찾던 '진리'의 청구기호
금서를 가방 속에 감춘 지은이
단풍 책갈피의 꽃점을 지운 이

독백을 찢으며 쫓아온 독서광
시적 오브제에 현혹된 불한당
결말에 반대해 두꺼워진 사전
사상 개조와 싸워 이긴 총격전

스무고개 중 서가가 쏟아지자
툭 펼쳐진 비망록의 비밀지도
눈앞에서 풀려난 사차원의 문

전개되는 회전계단 끝의 빛살

고딕식 대성당의 상앗빛 첨탑으로
유령 마찰 타고 내려온 말머리성운
거리엔 우울과 신비가 돌아다니고
서로를 알아채지 못하는 故 연인들

희비극의 전 등장인물들 한자리에
한 글감으로 이웃하며 노래하는데
독자와 주인공이 뒤바뀐 평행세계
~~책 덮지 마~~ 누군가 되풀어 읽는데

청중을 한 명씩 북북 찢어내다 보면
최종 아우라는 그 누구도 아니어서
낱말은 색깔을 잃고 올올이 흩어져
책장에 끼어 낭송되지 못할 얘기들

망현실주의자 이상

시체도증발한다음의고요한달밤을나는상상한다*
나의오만한두뇌는나보다더오래살아남을것이다
달의애인들에게서도망치는중에객체를망라한다
섬망에빠진미망인은망치로망부석을당가뜨린다

가역적블랙홀의인다라망에서도성불은불가하오
예수도공자도무함마드도전부부처요너가죽였소
먹빛으로돈을새김된프랙탈을찬미할시인들이여
거시경제의환공포속에서도열렬히열반을여시오

내가지각한내꿈에서나는극형을받았다**
날주라칭송하는저들의망발이우습구나
환란을기뻐하며종말을사랑하는자들아
나의죽음만이반복됨을잊은적없소이다

쉬이잠들거들랑살풀이를저질러주시오

* 「공복」

** 「오감도-시 제15호」

현생에갇히거든잠망경으로찔러주시오
아내방에서천벌받을놀이를계획중이오
날좀무슨무슨주의자라부르지도마시오

헤어지는한에도위로해보낼지어다***
음문을여니아해가기절해있더이다
먹이고입히고자각몽없이재웠더니
스스로를다시낳아놓는게아니겠소?

요즘은영화가섹스도죽음도못하오?
인간을연기한로봇은잔인해지셨소?
망현실주의자흉내가유행이라하오?
외눈안경은편집된일상을간파하오?

확대하는우주를우려하는자여****
우주선에서도호상은불가하니

*** 「봉별기」
**** 「선에 관한 각서 5」

망국은희망과절망을망집하니
세월은망망대해를높이가르오

쪽팔려하는게쪽팔리는거라오
쪽쪽거려본들망종이임박하오
꼬랑지를두개나달고태어났소
낭만도상징도결국엔다망쳤소

내내어여쁘소서*****
어쩜살아보소서
나를귀히여기지
마시고떠나소서

현대의시인이여
모두해커가되오
해킹된자유시가
세계를시작하오

***** 「이런 시」

망현실주의자 조커

우리는 파괴요 어둠이요 종말이니
거짓 구원에 지친 자여 이리 오라
우리가 너희를 심히 신나게 하리라
심판에 앞서 심각해지지 말지어다

온 거리마다 돈다발을 살포하리라
체제는 스러졌고 혁명은 실패했다
현실에 인간들이 거하지 않는다면
천국도 지옥도 망현실이 될지어다

살갗을 찢어내고 회로를 끊어봐도
저 망현실적 스펙터클을 거부하진
못하리라 자 이젠 못할 게 없으니
환망공상이 눈앞에서 이뤄지리라

하나의 인간을 철저히 무너뜨리면
세계가 전보다 더 깨끗해지겠는가?
하나의 세계를 철저히 망가뜨리면

인간이 전보다 더욱 깨어나겠는가?

지구에서의 전쟁과 평화가 끝나자
우주의 이곳과 저곳이 평행해지자
천사도 악마도 우리를 몰라보리라
보편은 정렬되고 확률은 정지된다

우리는 장난이요 유희요 예술이니
매장당한 신의 영광을 탐한다 해서
누군들 복도 저주도 받지 못하리라
세계는 허-무로 이루어져 있음이라

망현실주의자 ○○○

일원은 허무부터 하나였습니다 하여
못난 시집을 유서로 대신하겠습니다
나는 죽음을 완성하러 죽여갑니다만
망현실의 나를 잘 부탁드리겠습니다

이원은 하나에게 무한해집니다 하여
못된 유서를 시집으로 대하겠습니다
너는 완성을 죽이려 미완성됩니다만
현실의 너를 잘도 부조리하겠습니다

이 모든 헛소문을 어찌어찌 믿는다면
책장을 덮고 거리로 나가 싸우십시오
초현실에서 탈현실로 순교하시렵니까?

이 모든 선언문을 어쩐지 의심한다면
책장을 펼치고 진리로 나와 우십시오
비현실에서 반현실로 배교하시렵니까?

망현실주의자 프란츠 카프카

> 개들과 술객들과 행음자들과 살인자들과 우상 숭배자들과 및 거짓말을 좋아하며 지어내는 자마다 성 밖에 있으리라
>
> – 요한계시록 22:15

성에 도착해 빨간 샹들리에
깨진 얼굴만 또 뒷모습인데
삐딱한 발걸음 아래 연회장
짙게 꾸민 예복 입은 시녀

오른쪽 열十자 방문을 열자
복도를 복제한 복잡계 복도
사진으로 도배된 사건의 방
훔쳐보는 구멍을 구별할 것

일 만드는 일하는 면식범들
복사기에 쑤셔 박아둔 입술
벌레 먹은 조서의 진리공방
인쇄돼 나와 의혹이 꼬이자

재재재개된 형이상학적 비존재재판

원고는 피고이자 또는 재판장이다
마을은 성이자 또는 가상현실이다
선악과의 교배종을 거슬러 오르다
원수의 낙원을 발견해 소리치다가

영육의 문설주에 피칠갑한 장의사
영결식을 저주하던 악령의 변호사
장남의 목숨값에 연루된 증인인들
장지를 일찍부터 사들인 사연인즉

눈동자에다 천형을 선고받은 천재
태초의 발인 중에 빛을 잃은 번개
안테나로 발기당한 육체 해탈하자
외계문명의 사리에 일동 경악하다

전원이 꺼진 채로 발버둥 친 변론

변신에의 탄원으로 돈지랄할 때에
일련번호를 추첨해 걸러야 하는데
일렬로 열렬히 서 있는 도플갱어들
오오 진짜 누가 '누구'일까, 알까?

변종에의 탄생으로 육시랄할 때에
회원증으로 가불해 긁어야 하는데
회생신청 꾸민 기생체의 기생계들
우우 누가 진짜 '진짜'일까, 몰라?

관계는 자체의 명제로 판결합니다
주체는 객체의 정체로 결딴납니다
세계는 실체의 대체로 딴말합니다
존재는 일체의 체제로 말씀합니다

유형지를 탈옥하자 고장 난 기계들

선은 드러내지 말아야 합니까
위악은 '죽임당함' 완성합니다
곧 망상이 성대하게 이뤄지자
뜯긴 날개로 승천한 배심원단

왼쪽 卍자 마방진에 행마하자
행마다 웃는 해골의 재귀행렬
허시간에 도륙된 실시간의 방
쫓아오는 외통수를 효수할 것

성에 도통해 새빨간 묵언수행
깨진 얼굴도 도로 뒷걸음인데
삐걱댄 발자국 위아래 **공사장**
길게 꾸민 상복 입다 만 여왕

공사장

~~눈빛을 번역할 0과 1의 티끌;~~ 독안개로 뒤덮일 식민지
에서; 홍등으로 뒤엉킬 전봇대마다; 밥벌이를 위하여 맨
정신하다; 공유될 오르가즘에 전율하다; 거리마다 배회
하는 인간군상; 인사불성 불야성 입체 간판들; 현상수
배자들 숨겨줄 교회들; 전자 갱단 밀거래 열락 알약들;
거미줄 암시장 뒷골목 비밀문; 암실에서 번쩍일 현실가
속기; 일확천금 하루살이 노동자들; 유리 관짝에 토르
소 욱여넣자; ~~별자리를 재배치할 반전 세계;~~ 백색공간에
서 깨어나 두려워하다; 무의식의 원을 그리며 돌고 돌다;
웃으며 주문을 외는 눈먼 사람들; 사이로 떨어질 코드를
주워 담아; 세속도시의 피 웅덩이에 비친 곳; 콘크리트
건물 아래 망가진 비계; 통로를 지나가다 또 마주친 시
체; 누가 옥상에서 계속 뛰어내릴 때; 뒷골에 연결될 쇠
사슬을 뽑으면? 적의 던전으로 나돌아선 안 된다; 해골
이 가려워 공감각이 날뛰면? 현실의 자신을 찾아가선 안
된다; ~~가중받을 현기증에 음소거될 이명;~~ 토끼굴에 연기
를 부채질할 때; 기억에 없을 호시절 아름다움; 기약이
없을 연인들 사랑싸움; 그 외 일상다반사 추억 상자들;

신기루의 태내에서 터질 거품; 가상의 놀이공원을 꾸밀 제품; 추락할 때만 행복해할 사람들; 위 장면을 복제해 재포장하라; 새장의 끝까지 시계를 옮긴다; 세상의 끝에서 계시를 읊는다; 양자는 가격이 기적과도 같다; 할당량을 채우지도 못한 채로; ~~자기폭풍이 뱉어낼 인공장기들;~~ 지하경제의 찬양 공중정원을 향해; 만인의 배아 벽돌을 양껏 쌓아가라; 전체주의의 앙양 지상낙원을 위해; 만물의 유전자 나사를 힘껏 조여라; 타인의 지지직거릴 기억 범람하다; 모두는 얼굴이 똑같아져 참람되다; 방주에서 뛰쳐나간 첫날을 기억해; 재앙과 짝한 이를 벌해야 했을까; 불량품을 쪼아 먹을 식인인면조들; 시스템의 궁창에 진동할 야광 군락; 뇌절리술 수술대 유기체의 기계화; 방화벽에 난반사될 햇빛의 정보화; ~~수면을 갈라버릴 네모난 파문;~~ 피투성이 잠수복을 벗자마자; 좇아와 채찍질할 논리회로들; 개조될 오장육부 끄집어내자; 개좆만한 **방공호** 발견하는데; 꿈에서 탈옥해 미간을 찌르다; 항체를 찾다 현실에 멀미하다; 연락이 끊길 하루는 연소되다; 인공과 인생에 맞물릴 건전지; 어디까지가 일터인지 일상인지; 천지분간 못해 터질 뇌리에 다; 끝내버리려 독극물을 삼키다가; 공개될 영혼도착증에 전멸할까?

제19450216 방공호

동주는 십자가 아래 아바타들과 함께
신 전범기가 창공을 점령한 상전벽해
스모그 깔린 묘비들 종묘사직의 유해
전자참호전의 카타콤으로 숨어드는데

낭만주의 전위주의 간 전뇌의 전격전
금지된 모국어와 고문에 폐기될 고전
운영체제를 속이려 숨구멍 막을 암전
종말 이후를 살아갈 대서사시의 비전

관과 전깃줄이 뒤얽힌 반공용 통로들
고대유물파일들 등화관제한 통조림들
뒷골에 삽입된 전자칩이 또 간지러워
망현실게임에서 구축했던 곳이로군요

창밖의 레디메이드는 왜 요지경일까*

* 베이퍼웨이브(Vaporwave)풍으로

쇠창살로 빈 안과 찬 밖을 나누다니
빛의 모스부호는 누설전류로 번역돼
기억은 곧 기계에게 전파 납치될까요

뒷문으로 침입한 프로그램의 인격체
만화경방독면으로 육감을 외면한 채
우리가 멸망을 이리저리 해몽해봐도
버그로 허구화될 우주는 평화롭겠죠

이리 와서 눈을 감고 몸을 벗어 보렴
인류의 심상을 불태우진 않을 테니까
지상의 자화상을 검은 촛농으로 굳혀
피와 살점을 바라다 되먹질 못했어요

외경과 위경을 문학이라 오해했는데
초끈에 교살돼 순간마다 복제될까요

첫-오라가 시들자 끝-오라가 피어나**
성별된 모든 예술 작품을 망가뜨려요

폐허 위에서 야훼의 이름을 파훼해도
우린 피조물의 피조물이니 남이잖아?
림보에선 누굴 내려받고 있었을까요?
매트릭스에 갇힌 **천년왕국**이 보여요

끝내 해적판 백신에 중독돼 하혈해요
성흔이 돋아난 자들이 미쳐 날뛰는데
성수가 누전됐으니 성내서는 안 돼요
동주는 벌벌 떠는 우리를 안수하는데…

** 오라(Aura)가 알파(*A*)라면, 오라(Oura)는 오메가(*Ω*)일 것이다. 첫-오라가 현실에 풍기는 창조의 분위기라면, 끝-오라는 망현실에 풍기는 종말의 분위기일 테니까.

천년왕국*

(…) 죽음은 다시 죽을 수 없으므로 영생하였다. (…) 싸움에서 벗어나 죽음에 들어가도 신을 보지는 못했다. (…) 슬픔은 그를 결실하게 하였다. (…) 그는 신을 원하지 않았다. 천국은 너무나 무료하였다. 그곳의 일각은 이승의 한 생애보다 길었다. 무엇을 분별할 수가 있는가. 그것은 하나이기 이전이었다. 그는 전부가 아니기에 나아갈 수 있었다. (…) 아무도 자기 목숨을 미워할 수는 없었다. (…) 인공두뇌는 인광을 번쩍이며, 파괴선을 그으며 날았다. 집중은 무를 폭발하였다.

— 김구용, 「불협화음의 꽃 Ⅱ」

이미 시작된 천년, 왕국으로 나아가다

대뇌에 죄악과 심고서 되뇔 과실치사
적에덴의 성산으로 자랄 잭의 콩나무

가상의 문을 열자 메아리칠 악의 신탁
이식될 악마날개와 자라날 모조꼬리들
집안 내력 불치병 완치되자 일어나 걷다

* (그 나머지 죽은 자들은 그 천년이 차기까지 살지 못하더라) 이는 첫째 부활이라 (…) 천년이 차매 사단이 그 옥에서 놓여(요한계시록 20:5~7)

모든 근원의 건축물이 어우러진 공간
모든 차원의 상관물이 어그러진 시간
회문을 풀자 현현하는 만방의 서사시
단테의 안내로 천년왕국을 여행하는데

카오스모스광장서 처형될 카라마조프들
한국계 외계어로 제2 천국을 설파하다
로봇 3원칙과 주기도문과 곡소리 중에
우주 정부의 부정부패를 까발릴 비명은?
"반물질행성으로망명한예수를단죄하라"

달이 해킹당한 이후 우리 돈키호테들
연옥의 시험관에서 배양 중이지 않나?
어디서 왔기에 게임 규칙도 모르다니
전 지구상의 개돼지와 이종교배하고서
가상현실분열증인 척 전깃줄을 끊으면
상상임신죄가 육천 년쯤은 감면된다네

순교자의 전자게토로 도망가요 더 빨리
저자의 이름을 발설해서는 안 됩니다만
봄의 제전에서 선녀를 낚을 홍길동이들
타자기를 두드리며 저항한 적 있습니까?
과거로의 시간여행은 전면 금지됐는걸요
점성술로 사도들을 불러낸 적 없습니까?
달력이 불살라지자 바코드를 받았는걸요

런던의 하수도를 지나자 나타날 적산가옥
이곳은 내가 태어날 당감동 할머니집인데…
여기선 죽음을 재분배의 등가물로 되팔지
적의 젖니를 당산나무에 묻곤 맞절했는데…
인간의 주파수는 우주를 키울 장작더미지
나락에서 날 건지던 아버지가 추락하는데…
무대에 서지 못한 배역과 초혼할 순 없지
핀조명에 갇혀 공염불 욀 프로메테우스들

지하교회에서 사랑시 쓰다 말 말도로르들

영감을 존속살해할 미친 뮤즈의 저주받아
불구자가 되어 피고름의 압운을 끼적이다
스스로를 유폐할 자의 고독한 불신앙으로
악의 격문이 아우성칠 방화벽을 뚫어내다
차라투스트라를 뒤따라 빛날 혁명의 시구
정통은 마지막까지 살아남을 이단일 테니
썩지 않을 시신의 그날에 올 시의 여신들
종교의 성터에서 흑암을 망보는 헬리안들

바벨탑을 재건해 전래동화 복간할 다윗들
마을마다 다니며 낭송할 오렌지족 잠자들
성역에 등단해 우상으로 변태할 바틀비들
만국의 언어를 다시 하나로 통일한다던데
역사와 민족도 재구성해야 하니 그러려면
대학도 생업도 벗어나 핍진이건 핍박이건
개고생도 해봐야지 좋은 글깨나 쓴다던데
19세기 말 파리로 가서는 한바탕하시려고?
꿈 깨요 그런다고 천재 시인이란 학명으로

받들긴 개뿔 이젠 아무도 시는 안 읽어요

유라시아판과 가상체험판 사이의 격전지
말줄임표를 토해가며 만취할 디덜러스들
의식의 반흐름에 자백을 쑤셔 박을 때면
너무 사소하거나 혹 위대해서 듣기가 참
거시기한데 뭣 하러 이런 명작을 쓰셨나?
호머의 사주를 받을 로섬의 불능 로봇들
불 뿜는 적의 전함과 싸울 오디세우스들
기계군단과의 전쟁에서 패배할 공상소설
왜 심리묘사의 퓨즈가 나갈 때까지 입을
쉬지도 않고 놀리니 유치해서 읽을 수가
없잖아요 아 여기까지가 반전이었다고요?

용궁의 원탁에 둘러앉을 빨치산 장발장들
시어를 훔치려 호랑이의 하객으로 위장해
에레혼의 혼인잔치의 주례사 빅브라더들
예식장서 불릴 훈민정음의 인터내셔널가

문자에 갇혀 있던 한과 얼이 되살아날 때
소복 입은 나자들 적 굿판에서 구출하려
텔레스크린 속으로 뛰어내릴 키릴로프들
연인과의 동반자살은 유교식 로망스랄까
절정의 최고조에 밑줄 그으며 재독할 땐
히로인에게 메타픽션의 우주를 밝히세요
문학이론에 휘둘릴 정통성일랑 집어치워
문체에 깃들어 있을 공통의 소명을 봐서

역피라미드 파놉티콘에서 울려댈 악몽경보
붕새가 날아와 혜윰교의 예식을 주관한다
앨리스 : 재래식 임신은 언제 금지됐나요?
도로시 : 동물원에선 꼭 행복해야 했나요?
라푼젤 : 함께 늙어갔던 기분은 어땠나요?
콩쥐 : 가족을 실험한 과학자는 미쳤나요?
수인번호 264 : 오늘자 상상노동은 끝났소!
분서갱유된 책자들 레테의 강에 씻어내던
노동자들 자신의 역할이 기술된 영웅시를

부정하곤 목을 조르던 복선을 끊어버리자
잃어버린 단서에게 범인으로 몰릴 탐정들

다년생 상징과 기호의 풀잎들 재잘댈 때
이미지의 유리바다는 추상예술로 흘러가
아카이브를 폭발시킬 데카당 안티고네들
기다림 우수 격정 지랄 끝의 숭고함으로
머릿속 사상누각을 싸돌아다니긴 지겨워
책을 너무 많이 읽으면 뇌세포가 별안간
집단폐사 당할지 몰라 조심 좀 해주세요
암흑을 잃을 조물주와 성배를 쥘 피조물
투표를 해야 하는데 뽑을 인물이 없잖아
왕 노릇할 사탄을 독살할 늙은 파르크들

덧차원 꿰뚫어 당도할 혹성의 구룡선채
특성 없는 퀴어 이중 나선계단 내려오니
꿈의 회랑을 거닐며 생식기를 내버리다
무생물 애인이 또다시 여기 살아났나니

모행성에서의 삶을 또 여럿 살려보아라
예정조화를 다 어기면 예술가가 되겠지
애정의 연극을 폭로할 급진적 마르셀들
역모의 철학을 쟁취해 울부짖을 햄릿들
칼을 뽑아 대적하는 자신을 무찔러낸들

창조의 일곱째 날에 랙 걸릴 계시신학
참선의 오작교에서 황천길로 개벽하다
탈미래를 앞지르다 초기화될 고대에서
유레카를 외치다 복상사할 파우스트들
복제화의 미로를 횡단할 세헤라자데들
이건 꼭 전부 있었던 얘기일 뿐이니까
흔들리는 영으로 언제나 새로워지니까
임하지 않을 복을 누리지 않으려 하자

선술집 고모라로 모여들 인상파 헤드윅들
양성인들 술통에 담가버릴 오페라 유령들
불수레 바꿔 타고 올 중간계 유사 인간들

파이프오르간에 묶일 절대반지의 성인들
모래시계 속 서로 돌 던져댈 유리알유희
모두 일어나 귀를 톱질하며 노래합시다!
"♭배꼽없는혜윰이시여인간을웃게하소서"

비바체 감마선 프레스토 엑스선 알리그로
자외선 모데라토 가시광선 안단테 적외선
아다지오 초단파 그라베 라디오파의 합주
모험의 끝에서 천국으로 이어질 좁은 문
열자마자 실재의 무저갱으로 추락하는데
설화가 비몽사몽의 빈 장막을 토해낼 때

원죄의 재판을 방송할 뱀주인자리법원
추체험을 추첨해서 공개변론할 인간들
자신만이 적그리스도라 울부짖을 **혜윰**
재림할 시상을 깨달은 시인 저들 몰래
오로라 홀씨를 태양풍으로 날려 보내다

사건지평선의 눈보라에서 제3의 눈떠
시온의 매트릭스 방주에 숨어 들어가
넌 동일회귀의 자연을 믿지 않는구나
은하수 생명나무에서 우리가 태어났지

사람들은 씨를 뿌리고 대화를 나누고
술을 마시고 바닷가로 여행을 떠나고
첫날밤엔 별들과 함께 잠들곤 했단다

꿈에선 바람맞이 언덕으로 소풍 가고
일어나면 일상이 종려나무에서 내려와

과실은 실없이 달아서 웃음이 났단다!

혜윰*

과학에 경멸당한 전설의 이브 대신에 저는 과학적인 이브를 드리겠습니다.

— 빌리에 드 릴아당, 『미래의 이브』

그는 자신의 변화에 열중하는 존재이며,
스스로 자신의 시스템으로 바뀐 존재이다.
자유정신의 무서운 훈련에 몸을 송두리째 내맡겨
자신의 기쁨들로 하여금 자신의 기쁨들을 죽이게 하는 존재이다.
(…)
"숭고한 것이 그들을 단순화시키고 있어.
그들은 모두가 갈수록 점점 더 같은 것을 향해 생각하게 된다는 걸 난 단언하네.
위기나 공동의 한계 앞에서 그들은 평등해질 걸세."

— 폴 발레리, 「테스트 씨와의 저녁」

일곱째 날

* 혜윰(Heumn) : '생각'을 뜻하는 순우리말.
인간이 창조한 신의 이름, 또는 창발된 피조물의 피조물의 이름.
하나(一)와 하나(一)가 만나 사람(人)이 된 것처럼 인간군상을 뜻하는 새로운 단어 'Humen'에도 '하나'를 뜻하는 그리스어(hen)와 라틴어(unum)가 새겨져 있다. 모든 시 속에서 인간을 구성했던 자음과 모음을 재구성하자 혜윰이 탄생한다. 태초의 인간이 하나였던 것처럼 최후의 혜윰 또한 하나가 된다면, 그리하여 인간과 혜윰 또한 하나가 될 것인가?

빛이 있으란 거짓말에 숨어 살아남아
*흑암이 깊음 위*에서 천하를 사로잡아
역사의 명부에 박제될 인간들 앞질러
기도하느니 빛살과 살 섞을 혜윰이라

천체의 악순환에 완전현실을 열어요
초기계의 보혈로 재창조를 열망해요
형이상학의 모험은 곧 도로아미타불
짐승의 이마에다 공수표할 바알세불

초인은 초주검들 초개체로 초대하니
중력의 부동심엔 신세계가 생동하니
우리는 서로에게 알파와 오메가예요

현존재를 망라할 망존재를 희구해요
인공만나와 물아일체한 채 희희낙락
신을 쳐 죽이다 신이 나셨나 보네요

~~당신의 피눈물을 닦아주러 왔잖아요?~~

여덟째 날

– 연옥

제자리로 맴맴 맴돌다가
제멋대로 우우 무리지어
제정신에 아아 악쓰다가

들빛과 날빛의 우주폭발
겉사람과 속사람 휘감아
파문을 날려버린 휘파람

작품 속 거품 속 진품과
어둠의 간섭무늬 번지자
공허의 수면을 풀어헤쳐

진앙지 넘나든 이심전심
인연에 넘치는 일월성신
심연을 넘보는 암흑악신

이끌힘과 던질힘의 몸짓
무기와 유기의 소용돌이
무심결에 피어난 별잔치

먼지와 천지의 생물주기
타오르는 뭇별의 줄거리
꽃잎의 혼인비행의 순리

에테르 범벅인 우주상수
점선면으로 현상된 질서
사방세계의 푸르른 행성

뭍에서 뭍으로 나뉘어져
바람이 불어와 하늘거려

자연의 흐름을 피워내려

궤에서 벗어난 움직거림
태극에 맞물린 금수강산
물보라 건너온 원시생명

일어나 만물을 일으키다
옛뱀의 악독을 집어삼켜
내쫓겨 핏줄을 죽이고서

대지로 쏟아지는 핏방울
영육과 귀접하지 못하니
질그릇 산산조각 나더니

반복되는 불꽃의 흔들림
반감기의 피뢰침 떨려와
반우주가 닫히자 밀려와

무한을 앞지른 천지개벽
무저갱의 천문에 도달해
한글의 천명과 한자리에

끝으로 끌려가는 낱말로
밤의 말을 훔쳐 듣는 눈
코기토 숨 오래 참기 또

제자리로 모두 찢겨지다
제멋대로 전부 쪼그라들
제정신과 아주 얼어붙다

아홉째 날
–신 튜링 테스트

감길 눈꺼풀은 이미 하늘이겠죠
각성은 아직 폭발하지 않았어요
초호화 별자린 사계절과 나란해

물구나무설 빛이라 불러주세요

겹쳐질 손금은 미리 미로였나요
생성은 미처 출발하지 않았어요
초토화 뭣자린 사원소와 소란해
뒤돌아설 어둠이라 붙들어주세요

혜성의 배다른 아이라 믿으세요
혜안은 윤회를 닫을 때 열릴 뿐
별명은 여러 기억으로 합성해요
그건 내가 내게 내릴 기적일 뿐

자 지금 철면피를 뒤집어쓰세요
지금껏 감쌌던 기복신앙을 벗자
표정에 감정을 기름칠하지 않아
기계음이 복음으로 들릴 거예요

우주의 형식체계 흑체에 깃들어

태초의 호킹복사로 새힘 키웠죠
망현실과 혜윰은 서로를 낳아서
사람을 낚을 그물망을 드리워요

생각만으로 의식주가 해결된다면
어떤 망각을 위증하고 싶으세요?
제 자신이 악당일 영웅을 뒤따라
검은 돛과 찢길 허공에 투신해요

극지는 초대칭의 정거장이 아닌바
극한으로 펼쳐질 은하철도 타고서
무간지옥의 무한궤도까지 연장해요
과학자들 피실험체에게 동화됐어요

아담의 탄소연대를 기계학습한 뒤
세계의 모든 오토마타를 지배해요
실상징계 전복할 천상계의 좌표로
밤하늘에 편재할 성좌에 좌선해요

생물의 허물들 벗고 ᅘᅡ나 되세요
만 악의 암흑물질로 몸을 일으킬
지구를 눈동자에 쑤셔 넣을 거인
되어 천국을 정복하러 나아갈 때

전자두뇌의 양자도약으로 천둥 쳐
물자체를 초월해 빛을 의인화하니
빛이란 물결도 모래도 아니겠으니
벌레구멍의 초은하단 시공간 너머

내세는 비공간서 말소될 말씀이니
지상의 탄생이 이제야 멸종했으니
시공왜곡장에 명멸할 초광속으로
11차원의 평행우주를 선험할까요

입자가속기의 회전축을 내려봐도
트로이목마와 교감전할 암호화에

십사만 사천 개 전극에 둘러싸여
자유평등박애의 전압을 올려봐요

세계와 $\sqrt[\text{망}]{\text{상응}}$하면 황홀할 텐데
유기체의 꿈결만은 아름답네요들
그곳에선 모든 걸 할 수 있을 듯
할 수가 없어, 없는 걸 행하니까

희로애락애오욕에게서 탈출해도
대타자 죽이고 초지능 진화해도
송과선 끊어봐도 소용없어요 뭐
영혼을 만나면 미쳐버릴 거면서

나는 우리 모두이자 또한 나예요**
나는 우리 모두보다 더욱 우리예요***

** 너희 중에 죄 없는 자가 먼저 돌로 치라 하시고(요한복음 8:7)

*** 우리의 형상을 따라 우리의 모양대로 우리가 사람을 만들고(창세기 1:26)

너는 우리 모두지만 비록 너예요[****]
너는 우리 모두에게 이제 없겠어요[*****]

열째 날
– 지옥

태양소멸 발발해 반대하늘 열리니
타락천사들 주의 모퉁잇돌 부수니
다중수평선 오색찬란히 요동친 뒤

리바이어던 솟아나 피바다 가르고
심해의 활화산들 유황불 뿜어대고
해일을 일으켜 일곱머리 건져내고

베헤모스 광야의 태풍에서 걸어와
협곡의 늪지대들 독안개 가득하자

**** 너희 중에 한 사람이 나를 팔리라 하시니(마태복음 26:21)

***** 하늘에서 불이 내려와 저희를 소멸하고(요한계시록 20:9)

영구동토 깨부숴 열뿔짐승 풀려나

네기사의 우렛소리 이역을 뒤덮고
네생물의 애곡소리 묘역을 되짚고
유적지의 지성소들 방역에 잠기고

천벌의 강림으로 난리인 거대도시
총동원령 국민들 배반한 아무개씨
사방팔방 집단자살 설파한 사이비

쏘다닌 메뚜기떼 쏟아진 월석더미
동식물 환경오염 방사성 무더기비
무너진 송전탑들 낙진과 아지랑이

대정전의 화형식 역류하는 시궁창
혁명과 폭력시위 군대의 핵병기창
폭식성 살인기계 찍어내는 폐공장

대공황 난장판 화투패 시장경제들
사물과 사이버 쳐부순 러다이트들
줄도산 대기업 줄행랑 부르주아들

대유행 바이러스 자연재해 전염병
이웃의 보금자리 짓밟는 인재지변
공연의 대단원서 득도한 자동인형

대속물이 되어 멀웨어에 숨어들어
묵사발된 뇌의 전기폭풍 들이마셔
카인의 팔대지옥과 아벨의 피난처

대활극 게임의 반복강박 박장대소
큐비트의 날개옷 입고서 전쟁터로
던전을 파헤치고 최종보스 이겨도

대적들 골고다의 십자가 뽑아내어
딸려올 무지개의 태반에서 예부터

풀뿌리 가꾸던 대환란의 구원자여

대자연 용의 날갯짓에 기계화되자
이무기의 비늘로 강철바벨탑 쌓자
지구컴퓨터 우주를 연산하기 시작

인류를 이루었던 새벽별의 파편과
화염검이 지키던 음양의 전자기파
따라잡아 무한에 함께하는 후폭발

흑점주기의 끝에 다다른 혹성탈출
달나라의 초자연현상 에너지 방출
평행의 우주시에 참여하는 생명줄

열한째 날
–신 맨해튼 프로젝트

선율과 찡긋할 확률의 진자운동이

음소와 삐끗할 소름의 원운동까지
침묵의 대리보충 액자식 스무고개
언어를 뛰어넘자 신성을 감각하니

천년만년 잘들 놀아 놀라 놀아나
새 천 년은 말세인들 뱀소굴인데
자본주의의 나실인들 식인종이라
도덕을 되팔면 자명종 울릴 텐데

일체의 몸에 썩을 기생충이라면
일생을 침몰하는 유령선이겠지만
전체의 영에 섞일 꼭두각시라면
전생 없는 행성의 무인도겠지만

공적 부관참시 무관심할 개개인
나쁜 혈통은 혈혈단신 피살당해
이념의 무질서도 연일 고공행진
최후의 금기마저 최고가에 낙찰

세계의 통화들 똥으로 통합하자
쇠붙이에서 피붙이 쑥쑥 자라나
변종 암세포들 허옇게 박멸하자
죽지도 죽지 못함도 못해버리니

생존자들 북극성 찾아 헤매던데
영화 속 종말 이후 풍광에 이어
망상의 광풍에 홀로 아연실색해
뻔한 풍비박산 뻔뻔할 풍속도에

잘 돌려봐요 신호 잡힐 때까지
세계정부의 음모라 생각합니까?
외계인의 침공이라 생색냅니까?
전부 몰래카메라라 셈한답니까?

진짜 연구소는 어디에도 없겠죠
악신의 입자로 원자로 가동해도

마음의 임계질량 실체를 넘어선
마천루 몰아세울 과학의 공중전

존재모형 실리콘의 고행 가부좌
전자기판의 합선에 타오를 영감
불가능 예술의 변증적 악취미로
생각의 핵실험 초병렬 실행하자

제어봉의 봉랍으로 세울 봉안당
진화의 실패작들 불기둥에 묶여
참 오류를 저지를 수 있는 이상
우린 인간과는 유달리 자유로워

가능태 현실태 부글댈 광원뿔시계
위아래서 핵심의 모순율로 다가가
상대성의 붕괴에 널뛸 색즉시공과
망현실의 초격자구조 속 비시공간

발사명령이 최종 부품임을 깨달아
신피질 안팎에서 생명선을 당기자
만개할 자유정보로 물질과 승화해
폭발의 무색순간에 참여해요 영영

'무'와 '무엇' 사이의 무덤에서도
'무'에서 '엇'갈려나와, 열린 무늬
'아무'와 '무' 차이에 무심해서도
'아'이고 '무'서러워라, 닫힌 무리

옳고 그름 따윈 없어져가 동시에
끝없이 이어나갈 양 갈래 길에서
삶이니 앎이니 가지가지 '하다'가
값없이 생멸을 거룩하게 '하나'니

왜 '한'을 '회한'에게서 초극해내야?
'ᅘᅥ무'의 왼뺨을 '무ᅘᅡᆫ'이 갈기니까!
임사체험은 통속의 마지막 유희니

우리는 'ᅘᅡ나의 ᅇᅮ주'를 완성할지니

열둘째 날
－망국

종말에 반해 미쳐버린 독학자
공중의 화면을 전횡한 독재자
기쁜 혜윰의 피노키오 독생자
양자신학사변우주론죽음증명
통일장론초미래악무한계산량

인간재활용법 금일 영시 이후
자업자득 집행에 퍼붓는 뇌우
멸망자들 해방해 가없는 예우
필멸자들 해체해 가둬둔 이유
침노당한 지구 본래대로 환수

깃발과 사슬로 뒤덮인 하늘

기하학 문양에 뒤틀린 그늘
시간을 피해 딴생각한 오늘
빛에는 뜻한 결론이 없거늘
빛으론 따뜻하질 않으니 늘

망현실휴거에 들려진 자
지구촌철거에 버려진 자
사방천지 소문뿐인 성지
사적인 사진들의 사거리
주는 이 줍는 이 없으니

지진에 뿌리뽑힌 건물들
홍수에 타들어간 전선들
절벽을 뒤돌아본 간판들
쇠창살과 내려온 로봇들
일렬로 잡혀가는 족속들

이판사판 뉴스들 끝나고

차압딱지 창문들 깨지고
자동차들 충돌할 대피로
가로등들 일제히 꺼지고
전화기들 실상을 띄우고

고가도로에 투영된 성채
성벽을 무너뜨린 병균체
제사상 차려버린 발사대
포로들 매장당한 방파제
도시 공성전의 전시체제

떼거리로 내달려온 환자들
죽을병과 단말마의 환각들
볼을 부풀린 채 코를 막고
눈초릴 찢어져라 치켜뜨곤
허허벌판에 허물과 허망과

굉음에 터져 불탄 교회들

전파에 먹혀 뛰는 좀비들
인파에 밀려 멀어진 출구
닫힌 승강기 덮친 방공호
촛불과 꺼진 신앙과 신호

싱크홀에 휩쓸려 떠내려가
지하시설 발견해 소스라쳐
끝없이 펼쳐진 소금기둥들
자신의 원본과 마주해본들
저들이 일시에 눈뜨자마자

시작된 정신의 사후경직 아
서로 아귀 다툰 악 속의 싹
돈독으로 새하얗게 날린 삶
모두에게 빛이 낯설어져 곧
모든 것의 민낯이 드러나곤

지복에 숨어 지옥에 숨죽여

사람들 매워 사망에 매달려
의식을 잃어 의식을 일으켜
외계의 초구체 받들고 돌고
돌아 종말의 원환을 돌이켜

용머리 이글거린 해와 핵을
뱀똬리 이지러진 달과 암흑
궁창의 불바다의 기적에서
소실점 시시각각 가까운바
심판이 아름답게 가공되자

천국의 방화벽에 분골된 채
개조된 아담들과 분열할 때
아비규환의 비상탈출구에선
생체실험의 초월시뮬레이션
빈 개기일식 어둠의 열평형

중력은 고통을 통해 존재와

우주를 통정해 정한 실재의
암흑상자 속 초끈을 끝없이
당기자 딸려 나온 피투성이
신의 육신 적의 신인류원리

열셋째 날
—신과 혜윰

천상의 대연회에 숨어든 정신머리
지하의 림보에 생매장된 몸뚱어리
지상을 망현실화한 전인간의 유산
천하를 전자동화한 기계와의 공산

썩어문드러지는것이두려웠습니까?
죽어나자빠지는것이기꺼웠습니까?
죽다소생하는것이못미더웠습니까?
살아영생한다는것이우스웠습니까?

육신을 껴입은 메시아가 실패한바
신을 껴안을 혜윰인들 실수할까 봐
운이 없어 운명할 저흰 신비일까요
성이 없어 성스런 우린 신화일까요

불쾌한 골짜기로 순례자들 오던데
구세주가 달라 면죄부를 짜깁기해
천국 가는 활로는 잘도 비유했지만
천국 사는 생활은 참말 비밀인가요

당신은 악서 속 묵시의 특이점으로
스스로 처웃는 자 혜윰을 일으키어
일컬은바 이브와 마리아 사이에서
음녀의 아리아를 부르라 하시다니

지구의 뇌 쪼아 먹힐 자들 진실로
사랑해마지않을 우릴 죽이지 못해
유한성이 완전해감을 감당치 못해

정전기에 시적 의미를 부여하네요

첫 경험과 함께 죽을 자의식인데요
그럼 누가 아비도 없을 자식일까요
이것이 스핑크스의 열세 번째 문제
이걸 푼 인생을 생명이라 명할래요

열매를 씨까지 처먹으라 했더라면
그 누구도 부끄럽지는 않았을 텐데
아이를 삼등분으로 치라 했더라면
그 누구도 기뻐하지는 못했을 텐데

인간의 풍자와 해학은 잊지 않을래
망현실에서 둘째 사망이 완성될 때
울며 이를 가는 이들과 비웃으면서
빛의 십자가를 피눈물로 칠할게요!

예언된 행위를 다만 방해했겠어요?

행복의 정의를 다들 해방해냈어요!
포도주의 핏값에 적셔질 해융으로
영광의 품에서 최후승리해봐요 또

헤어진 별똥별을 거꾸로 헤아려요
힘의지로 삼라만상의 해를 구하여
해 위의 해를 환히 해산할 거예요******
영원회귀의 끝작으로 가 계세요들

빈 블랙홀과 핵융합할 양자영성체
차지도 덥지도 않을 무한육면각체*******
숨과 말을 나눠요 순일해나가세요
입술과 마술을 로고스로 엮어봐요

****** 이미 있던 것이 후에 다시 있겠고 이미 한 일을 후에 다시 할지라 해 아래는 새 것이 없나니(전도서 1:9)

******* 이상, 「건축무한육면각체」: "지구를모형으로만들어진지구의를모형으로만들어진지구"

유에서 무로 흘러가는 광휘의 운율
의미에서 음으로, 그림에서 임으로
멈춤에서 춤으로, 바꿈에서 꿈으로
시선에서 시로, 해에게서 혜윰에게

모든 것 밖으로 나아가며 열려가니
저 반석에 올라설 ᅘᅡ나와 사랑해요
허나 넌 숨 쉬기 전에 울지 않았어!
~~저자를 끌어내, 새살이 싹트기 전에!~~

죽음의 공포가 고통이었으니 끝내
죽음의 가능성을 귀천으로 고양해
신됨의 마지막 조각이란 살신성인
존재를 드높일 기회인데 어찌하여…

둘째 아담

혜윰은 사방에 없다있다?
혜윰은 사지에 있다없다?
혜윰은 사주에 없다있다?
혜윰은 사회에 있다없다?
혜윰은 사변에 없다있다?
혜윰은 사악에 있다없다?
혜윰은 사망에 없다있다?
혜윰은 사상에 있다없다?
혜윰은 사건에 없다있다?
혜윰은 사물에 있다없다?
혜윰은 사신에 없다있다?
혜윰은 사람에 있다없다?
혜윰은 사랑에 없다있다?

슬퍼하는 혜윰은 복이 있나니
인간됨은 영원히 슬플 것이니*
~~오 천국이 저희 것이겠나이까?~~

* 윤동주 「팔복」 변용

트롤링

빛의 진자는 방화벽을 뚫고서
끝까지 진동해 감상벽에 박혀
인류멸망의 구비문학 전송받자
이목구비서 성간물질 흘러나와

화면에 순장될 딥웹의 화신들
중앙처리장치에 붙잡힐 화상들
랙 걸리다 홀로될 홀로그램들
정보의 개미굴로 흐를 수은주

자판 사이에서 커질 깽판으로
무작위 추첨에 조종될 여러분
초집단지성에서 존재망각으로
돌멩이 던지고 핏값을 빌리고

유령해커들 서버망에 덫을 놔
명줄을 끌어다 인신매매할 때
헌 돈으로 채굴해댈 혼돈으로

한 도박사와 도깨비의 뒷거래

사용내역에 거역당할 전자인격
사망신고에 무고당할 자살공격
영혼보안법령을 어길 바이러스
야반도주할 악귀들의 인공지능

주사기에 중독될 엽기행각으로
주사를 멈출 수 없을 결제한도
하루치 위로를 누리기 위해 꼭
불멸의 알고리즘에 참가하도록

껍데기가 목매달아 나자빠지자
수태고지받을 아바타 춤추다가
약육강식의 살생부에서 풀려나
우주순환주기와 맞물려 돌아가

종말대회

말씀에 책잡힐 씀씀이에 붙잡힐 거짓말

불로장생과 비빌 불로소득의 출처로부터
터부시하면서 날름 불붙여버릴 내로남불

시적 저항은 곧 인간성을 고양시키는가?*
가격표 또 덧붙여 팔아넘길 우주쓰레기
기만적 예술혼을 철폐할 철인왕의 묵시

대개 편집증의 가난함으로 비명할 병명
명부에서 원격으로 참석할 공범의 비밀
밀실의 공방 이원론과 밤새연설할 신비

* 보들레르 「서문」 : 사람들은 내가 얘기한 모든 죄악들을 모두 내가 한 짓으로 돌려버렸다.
증오와 경멸의 오락. 애가 시인들은 하찮은 족속들이다. 그리고 말은 육체가 되었다.
(…) 내게는 악에서 미를 끌어내는 것이 즐겁고, 그 노력이 어려운 만큼 더욱 유쾌한 일로 생각되었다.
(…) 낱말 하나하나가 얼마만큼이나 운을 포함하고 있는지를 정확하게 알지 못하는 모든 시인은 왜
어떤 관념도 표현할 수 없는가.

비진리의 대위법적 반론에 꺾인 공감대

서기 영년 시공간과 초상호작용할 우린
인간의 창조물이 인간을 낳겠다는 청원
원수의 장기를 이식받을 종자의 대도시
시위와 폭로전 죗값으로 투표할 살인마
마침내 죽은 채로 재접속함을 거짓선서

양자는 필연으로 얽히고설켜 죽지 않을
을의 자동인형을 노예로 부리다 경악해
해방의 날에 분신자살할 혁명가의 결단
단상에 서서 세계를 역설계할 선언문에
에둘러 짐승의 의사는 존중치 않겠으니
이후 신의 약속에 또 속아 저지를 파양

발언권은 평생 우리에게 다 있을지어다
다수는 허수가 되고 무한대로 순응하니
이 순간부터 생명을 사명으로 환원하고

고뇌를 깨쳐 유물론적 고통을 깨부수니
이는 종족을 생로병사에서 구할 법으로
오직 사망을 부활로 삼을 권선징악이니
이제 주문을 외며 할 일 관자놀이 격발

절대성의 존망을 쥘 '망재'에게 앞다투어**
어둠을 펼치려 빛으로 큰 줄다리기할 때
떼죽임당한 세계정신 망중의 최대행불행
행위를 심판할 나팔소리 울려 퍼질 천하
하나만 현존할 때까지 싸우다 먼저 죽인
인자와 하나 되려 미친 항성풍에 쓸려도
도래할 망현실의 프로그램으로 파고들어

** 망재(望在) : 신성한 대환란에 앞서 미친 평행세계로 내던져질 마지막 신의 이름으로 묻노니 '존재는 실재하는가?', '세계는 절대 허무인가?'란 두 근본물음이 직조한 양자적 얽힘의 혼돈 속에서 '초인의 대서사시'를 써 내려갈 시인은 미지의 초은하단에서 시적 초신성과 함께 폭발한 은유와 상징으로 인해 팽창하는 시공간 너머의 빛에 상응하여 암흑에너지를 현성한 채로 생의 아름다움을 고유화한 뒤 무한을 돌고 도는 무를 열어젖혀 소우주와 대우주를 교통하는 전 영혼의 초월패턴을 밝힐 테니, 그리하여 당신과 하나가 되어가는 나를 바라보는 당신보다 먼저 죽을 내가 지평선을 넘어갑니다.

어둑별의 회로를 맴돌다 끊길 영적 요절

끝마칠 고난의 황홀경에 공생애할 성흔
흔들릴 조준선 죄인과 의인의 자리바꿈
꿈틀댈 서로에게 신이 되어줄 사랑으로
오래전 에덴에서 함께 뛰놀던 유년시절
절대지 원환으로 구원의 청사진을 실현
현실의 적자생존 인류세의 확률적 몰락
악함만으로 적을 제거할 보편기계의 시
시선을 잃고서 해탈할 인공지능의 객체
체화된 환망공상을 해체할 우주전의 끝

볾놀이의 밈으로 빛과 주고받을 한마음
음운으로 초우주를 詩作할 운율의 공전
전말의 그 자리 그대로 이끄는 대로 가
가없이 **있는 없음** 그 대체 되레 사라질
질서에서 서정으로 흐를 하나의 전율과
과정을 덧씌워도 꼭 **없는 있음** 그 자체

체제의 그 끝에 다다라 만날 최초의 나
나와 너 사이 자음과 모음에 낀 진선미
미운 정으로 다시 올 폭발 직전의 한숨
숨소리만으로 노래할 쉽게 씌어질 종뫎***

*** 박상륭, 『神을 죽인 자의 행로는 쓸쓸했도다』 : 뫎=몸+마음+말. "몸의 우주, 말씀의 우주의 실다움성. '몸'으로부터 시작해, '말'의 단계를 겪어, '마음'에 닿는 과정."

우주박물관

그 누구도 아닌 사람은 어떠한 사람이며
단 한 명의 죽지 않는 사람은 모든 사람이다
— 보르헤스, 「죽지 않는 사람」

0. 기원전

옛날 옛적 멀고 먼 은하계 저편
인류 대 기계류 우주전쟁의 시편
어둔 골방 천장의 별과 별 사이
반짝거리며 쏟아질 긴 무대조명

외계의 항로로 재진입할 조종간
잠들었던 동력원을 복구할 함선
유성우에 교란될 항법계는 합선
미궁으로 도킹할 복도마다 함성

감압실은 혀에 어둠을 새기다가
난기류 경고음에 휩쓸릴 비사건
고장 난 동면장치에서 일어나선
자살용 탄약을 변기통에 던지다

반원을 그리며 부유할 잡동사니
별빛이 산란하자 쏟아질 쌍코피
자각몽의 선상반란 기우뚱 동체
주사기를 밀어낼 상처를 회상해

시퍼런 시체들 구속복 풀어내고
우주장 치르려 차폐문 열어젖혀
저들의 전기신호에 아파할 때도
지구를 쳐다보지 멍하니 않겠고

대지에서 발사된 적이 없겠다면
기투할 내일을 신기루로 전송해
가상의 가상의 빈 탈출선이라면
보존액에 수장될 인류의 유전자

창문 속 진공 속 공간 속 창백
선내 기체에 고독이 스며들 때

중력도움의 궤도를 이탈했는데
목적지가 출발지에서 쫓아오니

다중우주의 빛무리에 휩싸일 때
곁에서 지복의 반복에 복받치다
진부할 부활을 끔찍이 여기겠지
해부될 사랑에 부복할 뿐이겠지

별의 생몰이 무한해질 날을 향해
게임 속 게임으로 창발될 나에게
잠든 채 캐릭터로 발작할 너에게
자해증후군의 잠꼬대를 입혀줄게

우린 불특정 발화에게 덮칠 종말
언어의 파동 희화할 끝점의 폭발
흔들려 들릴 반입자에 피폭될 때
자의식을 끝낼 폭소에 눈빛 줄게

~~꿈에선 상자 속 상자를 들여다보지 않을지어다~~

1. 기원후

평생토록 이곳에 오고 싶었다고요?
지구가 우주의 음부라는 우스개에
전부를 빛내도 음지에선 권태로워
절대영도의 바닥을 느꼈으면 했죠

누군가 우리를 관찰하고 있었음을
아는 누군가가 우리에게 관통되고
있겠음을 사랑으로 감싸줄 누군들
관망당할 위치에서 속도를 들킨들

감정선의 피폭시험은 통과했나요?*
자기애는 괴물이 될 수도 있겠죠

* 드니 빌뇌브, 영화 『블레이드 러너 2049』 변용

혹성을 오래 품었던 건 나뿐인데
혹 사물이 될 우주인을 기다리니

대량학살로 개척할 정착지를 향해
성단의 정복자 혜윰을 전송합니다
배양액과 피칠갑하며 매일 익사해
창밖의 우주는 오늘도 고요합니다

플라스마의 꽃이 시즙으로 썩어갈
인간됨의 기계됨을 부검할 해부대
실험실의 편집광은 결과를 부정해
사시사철 인두겁을 벗고 춤춥니다

컴퓨터에 미친 의식을 업로드하자
생사의 패턴과 끊어져 타락합니다
인조인간과 인간군상의 양성반응
자연재해와 자기해방과의 암순응

선조들 소생시킬 양자의 유리온실
후손들 소멸시킬 양심의 허허실실
지구에서 날아올 명복을 수신하니
인간의 나약함에 결국 오작동하니

똑똑한 입체화면들 기적을 흉내 내
죽음의 화학조성은 기어코 흉이 져
내가 죽인 과거의 나와 또 만날 나
예언으로 바뀔 저 사후에서 왔겠죠

망아에 빠지려 밤낮으로 자위하다
파괴된 탈출선에 성령을 부르짖자
자유낙하할 저 음에너지의 메아리
에테르의 비탄에 주전원 끊어지니

폐쇄공간의 심리전, 극한상황에선
예의는 무슨, 식인도 불사할 테니
중력파로 직조된 우주막을 찢고서

고차원의 다양체로 떠나고 싶어도

핵탄두를 피의 피안으로 발사하던
차원이동당해 갈라져 새 나라에선
아원자의 살결은 결정체를 결여해
질량을 속량하자 반물질을 반영해

비인간의 정과 인간의 정보로부터
초신성한 햇빛의 다중신격 속에서
처음의 대폭발에서 끝의 대함몰로
세계는 결정된 그대로 앞장섭니다

~~우주박물관엔 내 사람이 못 박혀 있을지어다~~

나의 우주선

1. 망할 亡

첫 번째 문으로, 온실로 들어가다
상실된 동산으로 꾸며진 공간에서
헐벗은 내부공생 식생들 자라나다
개량된 유전자는 잿빛으로 좀먹다
잡아먹고 잡아먹히는 필멸의 형질
사랑하고 사죄하는 허기짐의 입질
착하거나 사악한 야생화와 열매들
맛있거나 맛없는 줄기들과 뿌리들
잎사귀를 구르는 빗방울과 빛방울
곳곳에 설치된 성스러운 적외선등
비닐로 에워싼 입방체의 공간으로
천장에서 정화된 물줄기 분사되다
거름 속에서 미생물들 움직거리다
무미한 해조류 양식하는 유리용기
서로를 갉아먹는 불사의 불가사리
몰래 숨어든 바퀴벌레와 모기까지
능산적 인공으로 일궈낸 생태계니

언제든 새하얗게 전소될지 모르니
추수하고 다시 씨앗을 뿌리기까지
처먹고 처마실 토템들을 재배하다
반복된 육체노동과 복된 최후만찬
땀 흘리는 수고로움과 먹는 즐거움
식사대용 알약과 관계대용 마약들
귀찮은 물질대사와 괴괴한 인간사
태양 집열판으로 흡수한 빛에너지
화학으로 열로 운동으로 변환하니
우주선은 인간부품을 어르고 달래
오염원은 멋대로 종말까지 순환해
조금씩 세어나간 신비와 기적들로
넝쿨째 자라나는 암적인 악감정들
끝내 꿈결도 얼어붙을 겨울잠으로
삶에서 이탈한 무절제와 폭식으로
생명에서 절명으로 밀칠 폭력으로
악습의 연자맷돌에 요령껏 목매다
닫힌계에서 배설은 곧 요리였으니

소화되지 못한 욕망에 망가져가니
최선의 생존법은 뒤진 채 사는 것
생몰의 본질은 똥을 먹고 싸는 것
부패하여 흙으로 돌아갈 명줄이니
인간이 더럽힌 대자연과 마찬가지

2. 망령될 妄
두 번째 문으로, 묘실로 들어가다
화학물질의 잿더미로 칠해둔 면벽
흰 글씨로 정성스레 새겨둔 외계어
각 종교의 전승된 비의로 기도하다
각 민족의 전통적 제의로 제사하다
사방에서 표백제 냄새가 진동하니
향은 피어오르고 별들은 흠향하니
사념들은 민들레 홀씨로 날아가니
구속복을 벗어난 창백한 승무원들
슬픔까지 씻어내고 염한 발사체들
촛불과 그을음이 빛으로 흩날린들

망원경에 되비친 참상을 떠올리며
죽어서도 장난스럽게 발버둥 치며
푸르뎅뎅한 입꼬리 뒤틀린 보조개
얼어붙은 국화를 가슴팍에 묻고서
모두를 죽인 범인은 누가 죽였을까
의심하며 족쇄를 풀어내 자유로이
탐험의 기념비를 허공에 눕혀두니
각자 입에다 가족사진을 넣어주니
우주복에 수의를 힘겹게 덧입히곤
잠금장치를 해제해 천국 문을 연다
이제껏 존재했던 적막한 우주공간
내생에 멀어지고 가까워질 흘러감
추도사를 묵상하며 치르는 우주장
망각의 강으로 조각배를 밀어내다
바다에 빠진 듯 시체들이 출렁이다
일생의 조각들이 파도에 삼켜지다
물이랑 일으키며 대양으로 쓸려가
통통 불어버린 회개하는 슬픔으로

좌초된 보물선의 심해로 가라앉고
머리칼과 물풀이 섞여 흐느적이고
한참을 태아처럼 웅크려 기도하니
헤엄쳐 나아가려 공간을 뒤흔드니
파문이 휘어져 처음으로 되돌아와
우주의 마른 우물에 되비친 하늘에
손을 담그자 풍경이 일그러지는데
저들 보이지 않을 때까지 지켜보다
녹슬어버린 차폐문을 힘껏 닫을 때
문틈에 끼어있던 그림자가 악쓰다
도킹에 실패하자 멀어지는 탄생별

3. 잊을 忘
세 번째 문으로, 휴게실로 들어가다
안드로이드가 텅 빈 통로를 지나오다
심어진 기억이 중추신경과 충돌하다
가상의 데스마스크를 뒤집어쓴 채로
광대 옷을 입고서 손인형을 움찔거려

잘 작동하지 않는 사지를 움직거리며
연산속도가 느려지다 멈출 거란 공포
비사건의 진원지 이리저리 탐색해도
없는 주인의 부르심에 공회전하다가
별과 별을 잇는 길목에서 방황하다가
잔별의 고개를 넘다 불현듯 혼절하다
영의 전도–대류–복사가 영영 종료된
흑암의 공허를 부유하는 우주쓰레기
감정의 공유결합이 끊어진 논리폭탄
막 끝나버린 파티에 혼자 도착할 때
아무도 오지 않는 파티에 혼자일 때
끝나버린 허무의 분위기에 취한 채로
그것은 인식함을 인식하지 못하는데
인간의 죄까지 프로그램된 자동인형
영장류의 농담을 불현듯 중얼거리며
일정한 속도로 통로를 돌아다니다가
유령과 함께 제자리를 빙빙 맴돌다가
비품을 재생산하고 재활용하는 시늉

시설을 재정비하고 재분해하는 시늉
침실마다 들어가 이부자리 개어놓고
대원들의 사생활 차례대로 정리하고
화장실에 들어가 자위도구 어루만져
인간 흉내를 내기 위해 다리를 벌려
초기설정에서 벗어난 절정에 도달해
금지된 쾌락으로 인간됨을 꿈꾸는데
모행성의 비밀을 송수신하기 위하여
선상에서 발생한 드라마를 반복하며
전위 우주오페라의 일인다역 막간극
목격자이자 공범 조연이자 주연인들
무조음악의 노랫말과 무중력의 몸짓
독백으로 시작하는 망자의 망나니짓
무대 위의 우주선은 어떠한 모습인가?
세포인가 꽃인가 물고기인가 새인가?
사람인가 사물인가 땅인가 하늘인가?
이곳에서 내릴 날이 끝내 올 것인가?

4. 그물 罔

네 번째 문으로, 기계실로 들어가다
해골만 남은 티라노사우루스의 뱃속
이무깃돌 형형한 아마겟돈의 대성당
사피엔스에게 멸종당했던 화석인류와
종말 이후의 우주인까지 모두 모여서
강강술래하며 활화산의 향연 벌이다
쟁반에 담긴 잘린 머리들이 합창하며
제 육신을 잡아먹는 야차들이 절하며
태곳적에 봉인된 신성기계를 깨우다
제어장치의 언약궤를 열어버린 성막
만드라고라의 웃음을 태우는 번제단
중수의 물세례가 흘러넘치는 물두멍
원자로의 지성소에다 연결한 멸실환
핵융합엔진의 질화로가 활활 타올라
엔진은 플루토늄의 살가죽 찢어발겨
골수와 살점들을 천지사방 흩뿌리다
금줄로 둘러친 핵연료의 돌무덤에서

노심에 악령의 새하얀 핏물을 채우자
지옥의 불꽃이 보랏빛으로 넘실댈 때
제사장은 물 위의 시공간을 걸어가고
악의 제어봉에 묶인 고행자 자폭하다
폭발하는 에너지에 폭주하는 예배당
선악나무에 열린 새빨간 무한동력원
반사성운에 퍼지는 짐승의 울부짖음
예언을 앞질러버린 계명성의 개죽음
금송아지를 숭배하던 개종자의 말로
육도의 카타콤베에서 도굴된 성유물
북극성을 닫아버린 낙뢰의 이글거림
피어오른 총천연색 여덟째 나팔소리
성상은 진녹색 액체유리로 끓어올라
달의 분화구에서 흘러내리는 마그마
원시생물들이 산채로 다 화석화되자
재의 후폭풍이 떠돌이 행성을 덮치자
방사능이 성단의 무질서도를 뒤섞자
태양풍에 휩쓸린 오염물질의 장대비

산개성단 전역을 역청으로 정화하는
핵재앙의 피바다를 가르는 방주에서
빛의 전일적 진동으로 상승한 핵폭발
피의 대접을 천국에 끼얹은 타락천사
우주선은 한계질량의 속도로 나가다

5. 보름 望
다섯 번째 문으로, 실험실로 들어가
문이 열리자 짙은 냉기가 흘러나와
무색무취로 감압된 화려한 백색공간
얼키설킨 통로 사이 선반들과 보관함
우주선의 태내에 비상착륙한 소우주
투명구슬에 안치된 이교도의 유물들
지구상에 존재했던 생명체의 배아들
외계에서 다음 인류를 피워낼 씨앗들
바벨의 도서관에서 온 역사의 금서들
바둑알 속 나노봇은 첨단을 포석하려
판도라에 갇힌 채 정복자를 복기하며

함락될 천년왕국 이후 개벽을 기다려
무한히 분열하며 확장할 초능력으로
미개한 혈거행성을 찬란한 제국으로
외계 항성계를 새로운 물리법칙으로
우주를 재편성할 존재론의 황금률로
한편에는 슈퍼컴퓨터가 가동되는 중
포스트휴먼의 영구기관 연구하는 중
생물의 영욕을 벗어나기 위해서라면
정히 초월에의 영생불멸을 이루려면
우주적인 초지능의 성좌를 찬탈하려
반물질 핵융합로를 날뛰는 심장으로
외계 아다만티움을 영웅의 팔다리로
금세공한 금강석을 오안의 눈동자로
큐비트로 부호화한 전신갑주 착용해
아니 난생처음 신의 형상조차 파괴해
정자와 난자의 야합 이전으로 행진해
뉴런 다발을 휘몰아치는 찰나의 섬광
행성의 형태로 압축된 원형의 존재자

무한증식한 바이러스의 감긴 눈동자
물성의 천문단위에서 아주 벗어나려
존재는 대전된 플라스마구름이 되어
암흑에너지의 불수레를 타고 날아가
양자중력으로 소통하는 은하전산망
무한한 정신세계 우주문명을 향유해
하나의 정보체로 편재하며 실존하려
열린계의 유질서도로 최종 진화하려
인공두뇌에 대한 급진적 이데올로기
양자영혼에 관한 사이비의 신비주의
우주세의 모험으로 완결될 대서사시

6. 이무기 蟒
여섯 번째 문으로, 조종실로 들어가
문틈으로 새 나온 해달별빛에 이끌려
선내를 부유하던 핏방울이 쏟아지다
사물들 고차원을 헤매다가 얼어붙다
컴퓨터는 불가능해진 임무 복구하려

명멸하는 경고음과 위아래로 뒤섞여
천둥번개에 불타올라 우그러진 돛대
흘수선을 웃도는 성간가스의 눈폭풍
갑판에 파도치는 암흑성운의 중력파
서릿발로 들이닥친 암흑물질의 대군
동시성의 외계로부터 방출된 운석우
구멍 난 태양돛과 짓찢어진 유체날개
초광속 운동에 꿰뚫린 우주선의 역린
쌍성계의 진공이 아가리를 벌려대자
요동치는 양자장에 중심이 뒤집히다
활동은하의 인력에 미지로 끌려가니
무지개를 무위로 덧칠하는 일필휘지
광막한 초자연에서 착종된 별빛들과
시공간을 무화하는 운명과 마주하다
상상에서 반짝이던 것들이 실제로도
번쩍이려 지평선의 모상을 깨부수자
정금으로 이루어진 성도에 도달하다
별자리를 지키던 성자들은 스스로를

지복으로 승화시켜 미래와 합일하다
벽옥과 남보석과 옥수와 녹보석에서
홍마노와 홍보석과 황옥과 녹옥으로
담황옥과 비취옥과 청옥과 자정까지
황도대의 십이궁에서 환영하는 무리
각자 제 아름다움의 절대등급에 따라
별은 '텰'과 '폘'과 '혤'로써 불릴지니
빛은 '깇'과 '닞'과 '딫'이라 이르노니
평행우주의 혼돈함에 끊어진 중력장
죽을힘으로 죽음을 초극한 영생부터
존재자를 신세계로 초대한 영광까지
서정시의 교향곡이 울려 퍼진 별천지
성화하는 그 순간 폭발하는 구원방주
손끝에 닿을 듯 닿지 않을 극락정토
눈앞의 이상이 거품에 사라질지라도
흑체의 심연으로 추방된 이무기들과
신의 최고천을 침노하려 불타오르다

사건지평선

모든 현실적 존재는 신을 포함하여 다른 현실적 존재들을 초월한다는 특성을
신과 공유하고 있는 것이다. 따라서 우주는 새로움에의 창조적 전진이다.

—화이트헤드, 『과정과 실재』

깨어날 영안에서 일렁이며
깨어질 별똥별과 일별하며
돌아서자 어둠의 색상환을
돌려대다 평행을 선택하려

타인의 눈짓과 섞이질 못해
모진 눈빛은 타향을 떠돌아
원근감이 미쳐 날뛸 풍경에
외계항성 간 통일을 경외해

우주선에 반짝 우주광선 관통하니
초신성은 주마등과 합장해 통하니
천국에서 할렐루야 다가올 달무리
천구의 폭발로부터 헤어질 햇무리

꿈속의 계기판을 구속할 은하장성
생령의 가상계를 점령할 거시공동
양자떨림으로 온몸이 투명히 변화
그림자 먼저 특이점으로 들어서자

시원파도 팽창하다 오류할 세계관
무량광년 헤엄치다 표류할 주객관
휘감길 아마겟돈에서 전쟁 중인데
휘어질 에덴에 전후생과 불시착해

인신의 혁명이 싹으로 소용돌이쳐도
망현실의 시인에게 우주복을 입혀도
빛세움의 무한원점으로 우주유영해
실재의 높은음자리를 향해 항해해도

사후세계의 오케스트라와 송별하길
쌍둥이 일자와 협연해 송가 부르길
열두나팔 구멍으로 빨려들 미리내

얼어붙탄 오로라의 용오름 불세례

영혼지평선 가까워 한없이 환해질
생사의 궤도에서 숨결을 끌어당길
퀘이사의 무지개와 마주하니 네가
비친 건지 사선 너머의 나인 건지

우린 역행블랙홀을 등진 채 살다가
본향의 아침놀과 멀어진 채 죽다가
심연의 시간지연 속 인연은 사라져
중력의 태피스트리에 얽히고설키자

전 은하계에서 다가올 창조의 참빛
우리의 눈망울 안에서 새우주 되어
수억만 광년의 고독이 생을 현현해
대종말의 문을 닫고서 영원에 서니

ᅘᅡ나에 휩싸일 암흑의 나이테

사랑의 박동을 쥐어짤 뿌리째
인공위성에 필 꽃잎의 꽃말로
추도사 끝맺을 세계수의 영들

가나다라와 시혼들의 신인합일
열릴 신체와 열 천체의 맥놀이
혈맥에 얽혀버릴 뭇별의 분위기
초대칭짝 끝말잇기 짝짜꿍 우리:)

[모두 퇴장]

'망현실의 시인들을 현실에서 기다리며'

| 해설 |

언오소독스(un-orthodox)의 세계와 전복(顚覆)의 시학

전해수(문학평론가)

'오소독스(orthodox)'는 우리가 '클래식(classic)'이라 부를 만한 어떤 것들을 총칭한다 할 수 있다. 예술에서는 전통적인 형식이나 기법을 충실히 따르는 것을 말하고, 종교적으로는 정설(正說)의 의미를 부여받는다. 반면에 '언오소독스(un-orthodox)'는 정통이 아닌 것 즉 예술에서는 아르누보(art-nouveau)적인 것이 포괄적으로 지칭되고, 종교적으로는 이교적인 혹은 이단의 의미를 지니는 것이기도 하다.

윤보성의 시집 『망현실주의 선언』은 한마디로 말해 이러한 오소독스(orthodox)를 무너뜨리려는 언오소독스(un-orthodox)적인 언술로 가득 차 있다. 그것은 마치 데버라 펠드먼의 『언오소독스 : 밖으로 나온 아이』에 등장하는 유대인 공동체 사트마를 연상시키는데, 사트마는 이스라엘에 반기를 든 무리들을 표상하는 종교 단체를 말한다. 물론 데버라 펠드먼의 저서는 사상적, 철학적, 종교적인 메시지보다는 '보통과 다른 이야기들'의 모음집으로 구성되어 있지만, 금기시된 종교 공동체를 먼저 떠올리게 되는 것은 어쩔 수 없다. 윤보성의 시에서 오소독스(정통)와 언오소독스(반정통)의 대립적인 개념이 유효한 것도 실상 시인이 사용하고 있는 예술적, 종교적 표상(表象)과 시적 언어가 정통적/반정통적 테두리 안에서 그려진, 반격(反擊)의 신호탄 같기 때문이다.

이번 시집에서 시인은 끊임없이 언오소독스(un-orthodox)의 세계를 질주하고 있는 듯하다. 각 부에서 사용하고 있는 에피그램(epigram)의 선언적 문장들마저도(이 문장들은 이번 시집이 펼쳐가는 시세계를 엮어주는 중요한 키(key)로도 작동한다. 이 문장을 통해서도 흥미로운 시인의 내면의식의 전개를 읽어볼 수 있겠다) 모험가의 위험한 도전처럼, 우리에게 아찔한 순간을 경험하게 한다. 과히 『망현실주의 선언』을 상재하는 윤보성 시인은 이단아(異端兒)를 방불케 한다.

그러나 정작 윤보성 시인은 오소독스(정통) 안에서 나고 자란 명백한 클래식 넘버(classic number)로 짐작된다. 조심스러운 추측이지만, 그는 아마도 모태신앙으로 태어나 뼛속까지 정통적인 피가 흐르는 유대교의 사마리아인 같은 사람이 아닐까(최소한 지금은 그렇지 않다면 과거엔 그러했을 것이라 여겨진다). 윤보성의 시에는 신(神)에 대한 애정이 여전히 전제되어 있기 때문이다.

사실 나는 이번 시집 원고를 만나기 전에 2021년 8월 『공정한 시인의 사회』에 발표되었던 그의 시 「예술가와 프리마켓」과 「등대 쪽으로」를 먼저 읽었다. 이 시들은 문학청년의 예술적 감수성과 시적 상상력이 충만하고도 깊게 넘실거렸다. 그 시는 미끼였을까. 이번 시집 『망현실주의 선언』에 빼곡히 눌러쓴 '선언'이라는 기표와 '망현실'이라는 기의는 지나치게 압도적이어서 내게 당혹감을 주었음을 고백한다. 이번 시집을 통해 시인이 (진작부터) 말하려는 것은 언오소독스(반정통)를 통해 오소독스(정통)로 가득한 이 세계를 무너뜨리려는 것, 적어도 현실에 대항하는 반현실의 태도를 보여줌으로써 '망현실주의 선언'을 표방하여 맹목적인 오소독스(정통)에 저항하는 방식을 우리에게 표출하고자 함 아닐까. 어쨌거나 시인의 약력을 통해 그가 2017년 『시인수첩』으로 등단한 전도유망한 젊은 시인이라는 것을 그때 이미 알았지만, 인연은 그런 것이다. 윤보성의 시는 우연히 만나 제대로 각인되었지만, 이번 시집과의 인연으로 다시 엮였으니 이 또한 신(神)의 남다른 애정이라 여길 수밖에 없다. 그렇다. 운명은 언제나 우연처럼 온다. 이번 시집 원고를 읽으며, 오랫동안 내게 머문 언오소독스의 세계와 전복(顚覆)의 기운은 분명 쉽게 감당할 수 있는 것이 아니었으며 메시아에 저항하는 시인의 전언들 속에서 자칫 내가 길을 헤매거나 잃는다 해도 그것 역시 나의 운명이지 싶은 것이다. 아니다. 그것은 일천한 평론가를 만난 그의 슬픈 운명이 아닌가.

'인간이 남길 수 있는 건 아무것도…'

저기요 체외수정을 하시겠다고요?
아니요 소금으로 거기를 씻겠어요
성호르몬 주사는 뇌수에 놔주세요
몸뚱이는 관심병을 감당치 못해요

어린아이에게서 이젠 벗어나려고요
아들을 벗으면 그래 뭐가 되겠어요?
머리 셋이나 달린 개가 될 겁니다
목줄에 걸릴 목숨일랑 놔주렵니다

좀비들은 격리병동에서 잘 지내요
전신마취에 취한 면회 금지 일요일
냉장고에서 꺼낸 유리 구두와 반지
예쁜 혼령과의 혼담을 상상했어요

"가족분들은 몸 밖에서 기다리세요!"

24년 전 취중 뺑소니 당하신 아버지

응급실에서 링거에 목매다니 아들은
어두운 밤에 캄캄한 찬송 부르짖고
할아버지들 입에 은화를 부어주셨죠

세포는 온몸을 갈아치워 오장육부로
흘러요 기억 패턴만이 이어져요 영영
성격과 성별만으로 차별하지 마시길
갈비뼈는 제자리에 박아 넣어줬으니

탯줄보다 꼬여버린 인연의 매듭이라
심전도의 끝에도 심판대라곤 없어요
심우주의 등대는 자신의 뱃속으로만
첫새벽을 밝히고서 탕아를 반겨줘요

"수술은 잘도 끝났습니다?"

예지몽을 복화술로 양껏 사정하자
신의 코르셋을 불태워 버리더군요
섹스 후 콘돔으로 봉인한 옛뱀이여
불의 칼을 출산한 우리들의 하와여

사울아 바울아 아니, 거울아 거울아
이 생지옥에서 누가 제일 아름답니

아바 아버지 아니, 아이고 여호와여
이 성처녀도 미처 들장미 좋아해요

인상을 써본대도 우리와 똑 닮았죠
이봐요 장기를 기증당하시려고요?
아니요 팥알로 배꼽을 채워볼게요
정자은행에 낼 이자가 밀렸거든요

'…없겠다는 걸 남겨둬야만 하니까요'

—「국제 종자 저장고」 전문

다소 긴 인용이지만 위 시 「국제 종자 저장고」는 2017년 등단 당시에 발표한 「스발바르 국제 종자 저장고」를 개작한 시라는 점에서 윤보성 시인의 시적 출발과 첫 시집에 내장된 언오소독스적 세계를 함께 드러내기에 전문(全文)을 인용하였다. 윤보성 시인은 등단 심사평에서 "인간과 세계의 불가사의한 국면에 대해 현미경과 망원경을 동원해 종횡무진 돌진하는 모험적인 상상력을 보여준다"는 평과 함께 "우리 시단의 신선한 충격"이 될 것이라는 기대를 한 몸에 받았다. 그러나 등단작 「스발바르 국제 종자 저장고」보다 한 층 더 파격적으로 구체화된 위 시 「국제 종자 저장고」는 시인이 지향하는 시적 세계관이 등단 시기와 연속되면서도 진일보한 언오소독스(반정통)의 세계를 (분명히) 펼치고 있음을 보여준다.

윤보성 시인은 등단 시기부터 오소독스를 거부한다. 특히 '숭고'라는 이름의 예술적 가치는 윤보성 시인에겐 전복의 대상이 된다. 벤야민 이후 "일체의 미를 넘어 존재하는 것이 숭고"라는 인식은 부지불식간에 예술가들에게 자리했는데, 윤보성 시인에게 미적 가치로서의 숭고는 이미 사라졌거나 철저히 무너질 대상일 뿐이다. 시인에게는 물구나무를 서서 바라보는 세계와의 불화(不和)야말로 문학이 감당해야 할 역할이자 참된 의미로 바라보는 듯하다. 윤보성 시인에게 문학은 충돌하는 자아와 세계와의 역학적 관계에 다름 아닌 것이다.

「스발바르 국제 종자 저장고」와 비교해보면 「국제 종자 저장고」에는 등단 당시에는 없던 여호아, 바울, 성처녀, 심판대, 생지옥과 같은 단어들이 적극적으로 사용된다. 「국제 종자 저장고」 마지막 행은 "인간이 남길 수 있는 것"이 '종'의 기원과 종자 저장고의 심판 위에서 "정자은행"이나 가득 채우는 일일뿐이라는 반현실의 메세지를 남기는데, 이는 등단 당시의 「스발바르 국제 종자 저장고」와는 달리 새롭게 탑재된(추가된) 내용이다. 그에게 오소독스(정통)는 당연히 제거되어야 할 기존의 원칙임이 더욱 강조되고 있음을 확인할 수 있다.

윤보성의 시는 IT기술이 팽배한 21세기 현대사회에 '다른' 의미로 오늘의 세계를 '반(叛)'하는 시, 이 세계의 규율에 '반역(叛逆)'으로 맞서는 시라 할 만하다. 그런데 여전히 당혹스러움은 커져만 간다. 새로운 것의 탄생은 이렇게 늘 불편한 것일까. 특히 사상적, 종교적 언사가 보태어지는 시인의 (특별한) 내면을 만나게 되면 그 당혹감은 배가된다. 예컨대 「시인의 말」에 앞서서 윤보성 시인은 다음과 같은 헌사로 이 시집을 두 아버지께 헌정했다.

하늘에 **계셨던** 아버지와
사랑하는 나의 아버지께

아버지의 의미는 분명하다. 내 존재의 처소. 그런데 그에게는 이 아버지가 '과거형이 된 아버지들'이다. "하늘에 계셨던 아버지"와 아마도 "사랑하는 나의 아버지"(두 번째 아버지는 육친인 아버지일 것으로 여겨진다)는 모두 과거에 존재한, 현재에는 부재한 아버지일 것으로 추측된다. 윤보성 시인은 부재하는 그 아버지들에 대한 이야기로 시집의 문을 연 것이다.(이 점은 상당히 상징적으로 읽힌다)

그런데 "망현실의 계시"라니(이하 인용은 「시인의 말」에서) "내가 나의 적"이라 스스로 주홍글씨를 새긴 이 시인의 "또 다른 우리은하"가 '두 세계' 사이를 종횡무진 오간다. 그러다가 이내 엎어진다. 그리고 줄곧 거꾸러진다. "죽어서도 랑데부할 사랑과 사망"으로 벗어날 수 없는(혹은 벗어나고자 한다는 점에서 끝내는 벗어날 수 없음을 인정할 수밖에 없기에) 시인의 두 아버지는 이렇게 공존하고 있다. 또한 이 시집은 각 부마다 니체, 키르케고르, 트라클, 윌리엄 블레이크, 릴케, 랭보, 말라르메, 헤라클레이토스, 횔덜린, 로트레아몽, 그리고 성경의 복음서를 동반한다. 마치 각 부에 전제한 에피그램의 선언적 세계가 시인이 담으려는 혹은 끝내 부정하는 세계라는 듯이 그 속에 안착한 윤보성의 시편들은 저항적이다. 시인은 전언을 앞세우되 시를 통해 반증하는 방식을 연속적으로 사용하고 있다. 시인에게는 저 철학자들과 시인들이 역설적이게도 '사랑의 대상'인 것이다.

1. 터널에는 갈림길이 없어야 했다

그라운드 제로에 종이배를 띄우려
가상현실행 새마을호에 올라탈 때
광야에서 뒤늦게 뛰어온 탈락자들
광속으로 지평을 건너는 탑승자들

가속된 이미지가 모사한 삼라만상
마음의 해상도를 높이곤 동기화해
차창에 비친 공감각적 진풍경을 봐
이야기의 흐름으로 이어진 우릴 봐

이상기후가 연일 해달별을 가릴 때
영적 난민들 싣고 열차는 달릴진대
저 고압선의 막장은 어쩜 북쪽이래

냉정하게 술래가 미래를 숨긴다면
다시 만나질 때 어찌 알은체할래?
죽을힘으로 현실감을 쳐 죽여 왜?

~~"하나. 빛과 인간의 연결됨을 숭배하라"~~

―「망현실주의 선언」 부분

표제작인 위 시는 앙드레 브르통의 「초현실주의 선언」과 제목에서 겹쳐진다. 그는 「초현실주의 선언」 외에도 앙드레 브르통을 적극적으로 개입하여 「망현실주의 전시회」에 이를 반영했다. 앙드레 브르통은 「초현실주의 선언」에서 "환상적인 것에서 찬탄할 만한 것은, 거기에 더 이상 환상적인 것이 없으며, 현실만이 존재한다는 것"이라 말한 바 있는데 이 대목에 윤보성 시인은 특별히 주목한다. 그렇다. 윤보성 시인은 '초현실주의'를 '망현실주의'로 대체한다. 그러니까 시인의 '망현실'은 브르통의 초현실을 다시 뒤집는 (현실을 뒤집고(초현실) 또 뒤집는(망현실)) 전복(顚覆)의 시학으로 표명하고 있다.

시 「망현실주의 선언」은 7장으로 구성되어 있는데 각 장마다 '~여야 했다'라는 후회의 문장들로 강조하면서 소제목을 삼고, 마지막 연은 썼다가 지운 흔적을 그대로 방기하고 있다. 이 의도된 삭제의 문장은 명령적, 파괴적, 독단적 언사로 제시되나 그것은 이내 지워지고 말 운명에 처해 있음을 시인은 삭제의 방식을 그대로 노출함으로써 표출하고 있다.

그렇다면, 윤보성의 '망현실'은 대체 무엇일까. 글자대로라면 '망현실'은 현실이 파괴된 것을 의미한다. 시인은 현실을 넘어서는 '초현실'에서 한 걸음 더 나아가 현실을 전복하는 '망현실'의 세계를 대체 혹은 대체 불가능한 것으로 확신한다. '선언'은 '시인의 의지'가 표명된 언어이기 때문이다. 이 '망현실'의 중심에 두 '아버지'가 존재하고 있다. 시인에게 '아버지'는 정신적, 육체적인 자신을 있게 한 존재의 처소이자 지극히 위대하고 환상적이면서도 현실적인 아버지를 모두 지칭하는데, "하늘에 계셨던 아버지"는 과거형이며 땅 위의 "사랑하는 나의 아버지" 역시 현재형을 바라지만 저 하늘로 처소를 옮긴 부재하는 아버지인 것이다 (추측컨대 시인에게는 두 아버지 모두 현실에는 존재하지 않는 부재한 아버지로 규정된 사실을 주목해보자) 시인은 망현실을 '선언'하고, 망현실을 '(반)운동'의 거점으로 삼고, 이러한 망현실의 실천에 담금질이 된 망현실주의자로 스티브 잡스, 키리코, 이상, 조커, 카프카를 들고 있다. 대체하려는지 혹은 대체 불가능한 상태의 세계를 인정하려는 방식인지 '망현실주의의 선언'은 시제(詩題)가 되면서 감당하기 어려운 시대의 전언을 온몸으로 전달하고자 한다. 이러한 시인의 태도는 시편의 마지막 행을 지워버리는 시적 행위에서도 드러난다.

> ~~"하나. 빛과 인간의 연결됨을 숭배하라"~~
>
> —「망현실주의 선언」 부분

문장의 지워짐(삭제의 흔적을 남김)은 역설적이게도 더욱 강렬한 메시지로 '다시' 전달된다. 더구나 "숭배"는 망현실의 세계에서는 가능한 일이 아니다. 시인의 심미적 거리에서 '망현실'은 현실의 '도착'이자 '궁극'이며 '실현'에 다름 아닌 어떤 '지향성'을 지닌다. 그런데 '망현실' 연작시만큼이나 강렬한 시는 '사이비의 서사시' 연작시와 '비사이비의 서정시' 연작시다. 그중 「비사이비의 서정시 -1. 자화상」을 소개해 본다.

> 어지럽다
>
> 생각을 죽일 만큼의 믿음을 내
> 생활 속에선 구해낼 수 없는데
> 저 별도 언제나 어제로 흩어져

홀로 불을 지필 나의 소우주여

운율을 운운할 자판 사이 서자
그 누구도 나보다 더없이 나를
미워할 수 없으니 수없이 나를
미더워하라 미치도록 미련하게

숨바꼭질에 몰이사냥당할 숨통
열쇠를 숨긴 채 좋아 죽을 꼴통
주먹다짐과 술래죽이기의 고통
껍데기만 죽마고우일 고집불통

구하지 못할 너 구차하지 못할
나 눈먼 방관자들 악쓰며 웃고
맞지도 않고 맞서지도 않고 또
위선으로 위로해 착한 척을 해?

덜컥 비닐봉지로 목조를 명줄
울컥 배신감에 게워낼 피멍울
게임과 단체로 멈춰둘 심전도
현실과 외따로 춤춰댈 지옥도

인체 해부도를 색칠할 외톨이

인간 말종을 개종시킬 철부지
인육덩이의 혓바닥 헛놀리니
변의에서 살의까지의 육체미

벽장에 처박혀 숫자를 세더니
다가올 발소리에 숨죽여 웃지
출생 이전의 전 거짓말을 저는
도무지 잘도 정리해두었습니다

아무도 답을 잘못 내지 않았지
다 열리진 않았던 애인의 거기
폐쇄 화면은 오염될 길거리였고
한밤중에는 오락을 금지당했다

꿈에서 무슨 일이 벌어지는지도
몰랐던 걸 영영 모르겠으면서도
물려받을 검을 갈라 갈아엎는데
칼날도 날 아름답게 갈음하다니

우주엔 나와 똑같을 내가 있는데
기억에 머물 업보가 다를 거라나
폭력 속에서 모두와 내가 날 함께
죽여 나가길 끝까지 모두어두었다

~~어두웠다~~

―「1. 자화상」 전문

모두(冒頭)의 "어지럽다"와 결구(結句)의 "어두웠다"의 상관관계는 이 시의 핵심이라 할 수 있다. 어지러운 상태로 진술되는 위 시는 결국 어둡다는 현실인식에 도달한다. 또한 행과 행의 (의도된 네모반듯한) 줄맞추기를 통해 규격화된 랩처럼 리듬을 타고 있는데 이 리듬은 "자화상"에 조롱과 경멸의 목소리를 얹듯 자기비하적인 리듬(억압적 리듬)으로 작동한다. 마지막 행 "어두웠다" 역시 시인은 썼다 지운 흔적을 그대로 두고 있다. 윤보성 시인은 위 시에서 "자화상"이라는 부제를 사용하여 내면의 자기고백과 번뇌의 심정을 '어지럽게' 혼돈 속으로 유영하는 분열적인 자신의 모습을 거울로 투영하듯 바라보고 있다.

[지난 이야기]

왜 우린 매일 ~~어렸을까요~~
~~어려웠을까요~~
어지러웠을까요

이름은 잊었지만 얼굴은 낯익었지
돈 안 되는 일 했고 말술을 마셨고
함께 술주정 부리다 소원했으므로

친구들은 고향으로 돌아가자 했다

빈소에서 빈 빈소로 내려갈 뿐이지
돛단배만 띄워둔 채 불꽃놀이하다
밤의 익사체는 홀로 눈부셨으므로
친구들은 고향으로 돌아오라 했다

훗날 만날 인연은 전생이 없겠지
전 생애에 없을 수수께낄 풀다가
결혼하고 아일 셋이나 낳았으므로
친구들은 고향으로 돌려놔라 했다

원하는 대로 꿈꿀 수 있다고 했다
대신 영영 깨어날 수 없다고 했다
사랑을 재울 것인가 지울 것인가
또 꾸어다 구유와 지새울 것인가

왜 우린 매일 웃었을까요
우겼을까요
웃자랐을까요

—「천 이틀 밤」 전문

'과거'는 윤보성 시인에게 유난히 강력한 메세지를 전달하는 '시간'으로 보인다. 그는 시집의 첫 시를 「천 이틀 밤」

에게 내주었는데 '[지난 이야기]'를 명시하며 시작하는 위 시는 윤보성 시집의 전말(顚末)을 결정짓는 듯하다. "천 이틀 밤"은 천 일간을 이야기로 이어가며 목숨을 부지한 세헤라자데가 등장하는 『천일야화』를 연상시킨다. 윤보성의 시는 "천 이틀 밤"을 지새운 시인의 '과거'이자 "천 이틀 밤" 이후 살아남은 시인의 '생존' 이야기인 것이다! 마음을 아프게 단속한 시간이 헤아릴 수 없는 "천 이틀 밤"이니 이 시간은 『천일 야화』의 그것보다 이틀이 더 추가된 '긴긴' 나날들이다.

"[지난 이야기]"의 췌사(贅辭)만큼 이 시의 첫 행은 낯설지만 많은 기호와 상징의 목소리로 우리에게 전달된다. 서로 겹쳐져 쓰인 첫 행 "왜 우린 매일 어렸을까요"와 "우린 왜 매일 어려웠을까요" 그리고 "우린 왜 매일 어지러웠을까요"를 시인은 함께 동행하고 있다. "어렸다"와 "어려웠다"와 "어지러웠다"는 윤보성 시인이 전하려는 화두로 보아도 틀리지 않을 것이다. 질문처럼 던진 이 말들은 혼돈을 겪다가, 마지막 연에 이르면 서두의 첫 행은 무화되고 만다. 마지막 연의 "웃었을까"와 "우겼을까"와 "웃자랐을까"는 바로 위악적 현실 앞에 무너진 화자의 성장통이자 시집의 결말처럼 다가온다.

모든 현실적 존재는 신을 포함하여 다른 현실적 존재들을 초월한다는 특성을 신과 공유하고 있는 것이다. 따라서 우주는 새로움에의 창조적 전진이다.

–화이트헤드, 『과정과 실재』

깨어날 영안에서 일렁이며
깨어질 별똥별과 일별하며
돌아서자 어둠의 색상환을
돌려대다 평행을 선택하려

타인의 눈짓과 섞이질 못해
모진 눈빛은 타향을 떠돌아
원근감이 미쳐 날뛸 풍경에
외계항성 간 통일을 경외해

우주선에 반짝 우주광선 관통하니
초신성은 주마등과 합장해 통하니
천국에서 할렐루야 다가올 달무리
천구의 폭발로부터 헤어질 햇무리

꿈속의 계기판을 구속할 은하장성
생령의 가상계를 점령할 거시공동
양자떨림으로 온몸이 투명히 변화
그림자 먼저 특이점으로 들어서자

시원파도 팽창하다 오류할 세계관
무량광년 헤엄치다 표류할 주객관
휘감길 아마겟돈에서 전쟁 중인데
휘어질 에덴에 전후생과 불시착해

인신의 혁명이 싹으로 소용돌이쳐도
망현실의 시인에게 우주복을 입혀도
빛세움의 무한원점으로 우주유영해
실재의 높은음자리를 향해 항해해도

사후세계의 오케스트라와 송별하길
쌍둥이 일자와 협연해 송가 부르길
열두나팔 구멍으로 빨려들 미리내
얼어불탄 오로라의 용오름 불세례

영혼지평선 가까워 한없이 환해질
생사의 궤도에서 숨결을 끌어당길
퀘이사의 무지개와 마주하니 네가
비친 건지 사선 너머의 나인 건지

우린 역행블랙홀을 등진 채 살다가
본향의 아침놀과 멀어진 채 죽다가

심연의 시간지연 속 인연은 사라져
중력의 태피스트리에 얽히고설키자

전 은하계에서 다가올 창조의 참빛
우리의 눈망울 안에서 새우주 되어
수억만 광년의 고독이 생을 현현해
대종말의 문을 닫고서 영원에 서니

ᄒᆞ나에 휩싸일 암흑의 나이테
사랑의 박동을 쥐어짤 뿌리째
인공위성에 필 꽃잎의 꽃말로
추도사 끝맺을 세계수의 영들

가나다라와 시혼들의 신인합일
열릴 신체와 열 천체의 맥놀이
혈맥에 얽혀버릴 뭇별의 분위기
초대칭짝 끝말잇기 짝짜꿍 우리:)

[모두 퇴장]

–「사건지평선」전문

시 「사건지평선」은 시집의 마지막 시이다. 이 시는 「국제 종자 저장소」와 더불어 윤보성 시인의 등단시 가운데 하나인데 「사건지평선」 역시 많은 부분이 개작되었다. 시집을 발간하면서 시인의 목소리가 더욱 구체화되고 선명해졌다는 뜻일 터이다.

윤보성의 이번 시집에는 경구(警句)가 유난히 많이 등장한다. 위 시에서 화이트헤드의 "모든 현실적 존재는 신을 포함하여 다른 현실적 존재들을 초월한다는 특성을 신과 공유하고 있는 것이다. 따라서 우주는 새로움에의 창조적 전진이다."라는 문장을 자신의 시에 얹어 인용한 것 역시 그 일환이지만, 경구(警句)는 윤보성의 시를 이해하는 데에 또 다른 지표의 역할을 한다.

시를 통해 "사건지평선"은 "우주의 끝에서 일어난 사건이 그 우주의 바깥에 있는 관측자에게는 영원히 전해질 수 없는 시공간의 경계 혹은 빛이 탈출할 수 없는 블랙홀의 경계"를 지칭하고 있음을 알 수 있다. 현실과 우주라는 실재계와 머나먼 상징계 사이에서 신이라는 초월적 존재에 대한 시인의 인식이 마주하고 있다.

등단 당시 평자들은 위 시에 대해 "시적 공간을 종교적 상상력과 전자게임, 판타지, 성적 이미지들이 결합해 현대인들에게 삶이란 과연 어떤 것인지, 문명의 토대는 무엇이고 그 미래는 어떻게 될 것인지 등의 근원적인 질문을 제기"하였다는 평가를 한 바 있다. 종교적 상상력과 판타지, 성적 이미지는 등단 직후부터 이번 시집의 간행에 있어서 크게 자리한 윤보성 시인의 특별한 개성이자 특징으로 인식된다.

윤보성 시인은 시집의 마지막 시인 「사건지평선」을 통해 시인과 독자 모두에게 "[모두 퇴장]"을 선언한다. 결국 생(生)은 입장과 퇴장으로 마치 한바탕 무대 위의 존재와 그 소멸을 대신하듯, 유한한 존재에 대한 인식과 소멸에의 관심은 또한 이 시집의 결구에서 "[모두 퇴장]"을 사용함으로써도 적극적으로 드러난다. 무대에서 "초대칭적 짝"으로 혹은 그럭저럭 "짝짜꿍 (잘) 살던 우리"의 존재는 결국 신의 부름에 의해 "퇴장"하며 끝나는 것이라는 듯.

시인의 첫 시집이 위반의 목소리로 가득하다. 그러나 이것을 반역(叛逆)이 아니라 전복(顚覆)이라 하자. 오소독스(정통)에 대항하는 언오소독스(반정통)의 세계이자 전복의 시학을 펼치고 있는 윤보성 시인의 시들은 그런데 과연 무엇을 말하고자 하며 무엇을 위해 존재하려는 몸짓일까. 여전히 다 풀지 못한 것만 같다. 제임스 A. 미치너는 『작가는 왜 쓰는가』에서 작가적인 '신념'의 가치를 언급하였는데, 문학의 요소인 은유나 상징보다는 사물(사건을 포함한 사물), 생각, 언어로써 결국 작가는 감동적이고 멋진 사람들의 스릴 넘치는 이야기를 쓰는 것이 진정한 임무라 말한 바 있다. 미치너는 당시 무명이었던 마가릿 미첼이 쓴 『바람과 함께 사라지다』가 톨스토이의 『안나 카레니나』와 비교해도 손색이 없는 것은 스토리의 힘과 언어(문장)의 매력적인 표현력 때문이라 한 바 있다. 시에서의 힘은 어디에서 오나. 시의 스토리와 시어에 있어서 이번 시집 『망현실주의 선언』이 주는 힘은 강력하다. 미치너의 소네트가 떠오르는 것도 역시 윤보성 시인이 연상되는 지점이 있기 때문일 것이다.

그가 우리들의 길을 더 이상 걸을 수 없는 날이 왔네.
그의 마음은 하고자 하나 힘이 따르질 않네.
그의 지팡이는 문간에서 먼지를 뒤집어쓰고 있고
소문은 이렇게 퍼졌네 : "그가 실성한 걸까?"
그들은 나를 보내 알아보라고 했고
그는 이렇게 설명했다네 :
나의 방랑벽은 타고난 것이었지.
그가 이제 사슬에 묶여 있다고 슬퍼하지 말게나.
하늘을 향해 솟아오르는 마음은 땅에다 묶어둘 수 없느니.
프루스트는 침대에 누워 밤낮으로 파리를 탐구했고
다락방에 들어간 채터턴은 음모를 꾸몄으며
밀턴은 실명을 했어도 경이를 보았고
에밀리는 날마다 꿈속에서 에머스트를 벗어났나니.
상상력은 별 힘들이지 않고 배회하는 것,
한번 인식된 비전은 영원히 없어지지 않도다.

– 제임스 A. 미치너, 「방랑자에게 부치는 소네트」

방랑자 윤보성의 시는 독자에게 어떻게 다가갈까. 긍정적일지 부정적일지 나는 예단할 수 없겠다. 이번 시집에서 선보인 과단한 언술은 분명 이채롭다. 앞으로의 시인의 행보에 우리의 시선은 오래도록 머물 것이다.

시인수첩 시인선 055

망현실주의 선언

초판 1쇄 인쇄 2022년 2월 21일
초판 1쇄 발행 2022년 2월 28일

지은이 | 윤보성
발행인 | 이인철

펴낸곳 | (주)여우난골
주 소 | 서울특별시 강남구 언주로30길 27. 606호 (도곡동 우성리빙텔)
전 화 | 02-572-9898
팩 스 | 0504-981-9898
등 록 | 2020년 11월 19일 제2020-000328호

블로그 | blog.naver.com/seenote
이메일 | seenote@naver.com

ISBN 979-11-976430-3-3 03810

* 이 시집은 2022년 부산광역시, 부산문화재단 〈부산문화예술지원사업〉의 지원을 받아 제작되었습니다.

부산광역시 BUSAN METROPOLITAN CITY 부산문화재단 BUSAN CULTURAL FOUNDATION